# ÉTUDES SUR LE SYLLOGISME

# ÉTUDES

SUR

# LE SYLLOGISME

SUIVIES DE

 L'OBSERVATION DE PLATNER

ET D'UNE

## NOTE SUR LE « PHILÈBE »

PAR

## J. LACHELIER

Membre de l'Institut

---

## PARIS

FÉLIX ALCAN, ÉDITEUR

LIBRAIRIES FÉLIX ALCAN ET GUILLAUMIN RÉUNIES

108, BOULEVARD SAINT-GERMAIN, 108

—

1907

Des quatre morceaux qui composent ce volume, les deux premiers sont deux études sur le syllogisme, publiées, l'une dans le numéro de mai 1876 de la *Revue philosophique*, l'autre dans le numéro de mars 1906 de la *Revue de Métaphysique et de Morale* ; j'y ai seulement fait quelques corrections, et j'ai mis à la première un nouveau titre, plus propre à la distinguer de la seconde. Le troisième, intitulé : *L'observation de Platner*, est un article qui a paru dans le numéro de novembre 1903 de la *Revue de Métaphysique et de Morale* ; et comme j'ai été appelé depuis à défendre, devant la *Société française de Philosophie*, les idées contenues dans cet article, j'ai cru pouvoir, en le reproduisant ici, y joindre, à titre d'appendice, une partie de ce que j'ai dit à cette occasion. Enfin le quatrième morceau est une simple note sur le *Philèbe* de Platon, extraite du numéro de mars 1902 de la *Revue de Métaphysique et de Morale*.

Avril 1907.

# LES CONSÉQUENCES IMMÉDIATES
## ET LE SYLLOGISME

Il est admis en logique que l'on peut quelquefois déduire une proposition d'une autre sans avoir
recours à une troisième, ou ce qui revient au même
sans employer le syllogisme. Ainsi d'une proposition universelle, soit affirmative, soit négative,
on prétend tirer immédiatement la particulière
correspondante : Tout A est B, donc quelque A
est B ; nul A n'est B, donc quelque A n'est pas B :
c'est ce qu'on appelle une *subalternation*. On dit
dans le même sens que toutes les propositions,
excepté les particulières négatives, peuvent se
*convertir*, c'est-à-dire que le sujet peut y prendre
la place de l'attribut, et l'attribut celle du sujet :
Tout A est B, donc quelque B est A ; nul A n'est
B, donc nul B n'est A ; quelque A est B, donc
quelque B est A. Une troisième opération du
même genre est la *contraposition*, limitée par

Aristote[1] à l'universelle affirmative : Tout A est B, donc tout ce qui n'est pas B n'est pas A, ou plus brièvement, nul non-B n'est A. Plusieurs logiciens cependant admettent aussi une contraposition de la particulière négative : Quelque A n'est pas B, donc quelque non-B est A. On compte encore d'autres *conséquences immédiates*, fondées sur ce qu'on appelle l'opposition des propositions[2] : mais la subalternation, la conversion et la contraposition sont les seules dans lesquelles la *vérité* d'une proposition résulte de la *vérité* d'une autre.

Non seulement on pense que ces résultats peuvent être obtenus sans le secours du syllogisme, mais c'est au contraire le syllogisme qui passe pour avoir besoin, dans la plupart des cas, du secours des *conséquences immédiates*. On distingue en effet trois, ou même quatre figures du syllogisme ; et l'on suppose en même temps, par une sorte de contradiction, que les syllogismes de la première figure sont les seuls qui concluent par eux-mêmes et en vertu de leur propre forme. On se croit donc obligé de *démontrer* ceux des autres figures, par leur transformation en syllogismes de la première ; et pour cela on substitue, à une ou plusieurs des propositions qui les composent, celles qui

---

1. *Topiques*, liv. II, ch. VIII.
2. Voir, sur l'ensemble des *conséquences immédiates*, la *Logique* de Kant, Théorie élémentaire, sect. III, 1.

sont censées en découler immédiatement. La subalternation ne joue du reste aucun rôle dans ce travail; et la plupart des logiciens, à l'exemple d'Aristote, emploient exclusivement la conversion, qui porte, en général, dans la seconde figure, sur la majeure, dans la troisième, sur la mineure, et dans la quatrième, sur la conclusion. Il y a cependant des modes pour lesquels on a eu aussi recours à la contraposition : ainsi quelques auteurs contraposent l'universelle affirmative qui sert de majeure, dans la seconde figure, aux modes *Camestres* et *Baroco* ; W. Hamilton contrapose même les particulières négatives qui servent, dans la troisième figure, au mode *Bocardo*, de majeure et de conclusion.

Quelque générale que soit l'opinion qui subordonne la théorie du syllogisme à celle des *conséquences immédiates*, je la crois doublement erronée : je crois que chacune des figures du syllogisme, de celles du moins qu'Aristote a admises, repose sur un principe évident par lui-même, et que les *conséquences* que l'on appelle à tort *immédiates*, et dont on se sert pour démontrer les figures, sont elles-mêmes des syllogismes de trois figures différentes[1]. J'essaierai d'établir successivement ces deux points, en commençant par le dernier.

1. Ramus a dit que les conversions étaient des syllogismes : il donne en effet à la conversion de l'universelle affirmative la forme d'un syllogisme en *Darapti*, et à la conversion de l'universelle

Les conséquences que l'on peut tirer d'une proposition dépendent évidemment de la valeur de
cette proposition elle-même : nous avons donc
besoin avant tout de savoir quelle est au juste
la valeur de chaque espèce de proposition. Or
les propositions universelles, tant affirmatives que
négatives, ont une valeur double, car elles sont
à la fois l'expression d'une *loi* et celle d'un *fait*.
Dire que tout A est B, ou que nul A n'est B, c'est
dire que la notion A, considérée en elle-même,
implique, ou exclut, en droit, la notion B; mais
c'est dire aussi, qu'en fait, chacun des sujets réels,
$x$, $y$, $z$, dans lesquels réside l'attribut A, possède,
ou ne possède pas, l'attribut B. Les propositions
particulières, soit affirmatives, soit négatives, sont
au contraire la simple expression d'un *fait* : dire
que quelque A est B, ou n'est pas B, c'est dire
que, parmi les sujets réels de l'attribut A, il s'en
trouve au moins un, $x$, dans lequel cet attribut
coïncide, ou ne coïncide pas, avec l'attribut B.

Considérons maintenant l'universelle affirma-

négative celle d'un syllogisme en *Cesare* : il prétend même, je ne sais
pourquoi, que ces syllogismes sont moins clairs et plus faibles que
les syllogismes ordinaires (*Animadversiones Aristotelicæ*, lib. XVII,
éd. 1548, p. 373, sqq.). Leibniz a fait voir à son tour que les trois
sortes de conversions admises par les logiciens *pouvaient* se démontrer à l'aide de propositions identiques, celle de l'universelle négative, en *Cesare*, celle de la particulière affirmative, en *Dalisi*, et celle
de l'universelle affirmative en *Darapti* (*Nouveaux Essais*, liv. IV,
ch. II, § 1). Il a remarqué aussi que la subalternation de l'universelle
affirmative et celle de l'universelle négative *pouvaient* prendre la forme
des deux derniers modes de la première figure (*ib.*, ch. XVII, § 4).

tive « Tout A est B », et demandons nous quelles
conséquences nous pouvons en tirer. Puisque
cette proposition est l'expression d'une *loi*, nous
pouvons appliquer cette loi à un cas donné : dès
que nous viendrons à savoir qu'un sujet réel,
$x$, possède l'attribut A, nous en conclurons que
ce même sujet est aussi en possession de l'attribut B. Mais en attendant que l'occasion se présente d'exécuter cette opération, nous pouvons
en quelque sorte en tracer le plan ; nous ne
savons pas encore ce que sera en lui-même le
sujet $x$, mais nous savons du moins qu'il sera au
nombre de ceux qui possèdent l'attribut A : nous
pouvons donc l'appeler provisoirement « quelque
A ». Nous raisonnerons alors de la manière suivante:

> Tout A est B :
> *or* quelque A est A :
> *donc* quelque A est B ;

et le résultat de ce raisonnement sera précisément la subalternation de la proposition « Tout A
est B ». Remarquons bien que la mineure « quelque A est A » n'est identique qu'en apparence, et
signifie en réalité que le sujet $x$, de quelque
nom que nous l'appelions, possède l'attribut A.
Nous avons donc affaire, non à deux termes seulement, mais à trois : le sujet $x$, l'attribut A, qui
lui appartient, et l'attribut B, inséparable de l'attribut A : et c'est parce que l'attribut B est insé-

parable de l'attribut A, et que l'attribut A appartient au sujet *x*, que nous affirmons que ce sujet possède aussi l'attribut B[1]. La subalternation de l'universelle affirmative est donc bien un syllogisme de la première figure, en *Darii*; et le principe sur lequel elle repose est celui que l'on donne pour fondement, non seulement à cette figure, mais à la syllogistique tout entière : l'attribut qui est impliqué par un autre appartient à tout sujet dans lequel celui-ci réside : *nota notæ est etiam nota rei ipsius*[2].

Mais l'universelle négative n'est pas moins que l'universelle affirmative l'expression d'une loi : nous pourrons donc également appliquer la loi négative « Nul A n'est B » à un sujet donné : nous pouvons donc aussi l'appliquer, par avance, à un sujet encore inconnu, que nous appellerons provisoirement « quelque A ». Nous obtiendrons ainsi un syllogisme de la première figure, en *Ferio* :

Nul A n'est B :

*or* quelque A est A :

*donc* quelque A n'est pas B,

dans lequel il est facile de reconnaître la subal-

---

1. Dira-t-on que la subalternation de l'universelle affirmative n'a d'autre sens que celui-ci : Tous les A sont B, donc quelques A, ou quelques-uns des A, sont B ? — Il est certain qu'il n'y aurait pas, à ce compte, syllogisme : mais il n'y aurait pas davantage conséquence immédiate : car « Quelques A sont B » ne serait pas une *conséquence*, mais une simple *répétition partielle* de « Tous les A sont B »

2. Kant, *Über die f. Spitzfind. der 4 syll. fig.*, § 2.

ternation de l'universelle négative. Il est évident
que le principe de ce syllogisme est au fond le
même que celui du précédent; il suffit d'en modi-
fier l'expression pour l'adapter aux cas où la
majeure est négative : l'attribut qui est exclu par
un autre est exclu de tout sujet dans lequel
réside ce dernier : *repugnans notæ repugnat rei
ipsi*[1].

Revenons à l'universelle affirmative « Tout A
est B », et considérons-la de nouveau comme l'expression d'une *loi*. Une loi n'est pas seulement
susceptible de l'application directe dont nous
venons de parler : elle en comporte encore une
autre, moins naturelle, mais non moins rigou-
reuse, que l'on pourrait appeler indirecte ou
renversée. De ce que la notion A implique la
notion B, il s'ensuit qu'un sujet qui possède l'attribut A doit posséder aussi l'attribut B : mais il
s'ensuit également, en sens inverse, qu'un sujet
qui ne possède pas l'attribut B manque d'une
condition indispensable pour posséder l'attribut A.
Faisons donc l'application renversée de cette loi,
non plus à un sujet particulier, mais d'une manière
générale à tout sujet qui ne possède pas l'attribut B, et appelons ce sujet, quel qu'il soit, non-B.
Nous raisonnerons alors de la manière suivante,
en *Camestres* :

1. Kant, *ib.*

Tout A est B :

*or* nul non-B n'est B :

*donc* nul non-B n'est A,

et nous ne ferons autre chose, par ce raisonnement, que contraposer l'universelle affirmative « Tout A est B ». La mineure, ici encore, n'est identique qu'en apparence : non-B n'est pas la simple négation. en termes abstraits, de B : c'est un sujet réel et concret, $x$, dont nous nions dans la mineure l'attribut B, pour en nier dans la conclusion l'attribut A. Mais c'est un sujet général, où si on l'aime mieux, c'est indifféremment tout sujet qui peut être caractérisé par l'absence de B; de sorte qu'inférer, dans ce sujet, l'absence de A de l'absence de B, c'est en même temps énoncer la règle générale qui nous permet de conclure de la négation de B à la négation de A[1]. La subalternation et la contraposition de l'universelle affirmative sont donc également des syllogismes, l'un de la première figure, l'autre de la seconde; l'un dans lequel la conclusion est particulière, et n'a qu'une valeur de fait, l'autre dans lequel elle est universelle, et vaut à la fois en fait et en droit.

1. On dira peut-être que « Tout A est B » et « Nul non-B n'est A » ne sont que deux expressions de la même loi, l'une directe, l'autre renversée, et que la vérité de l'une implique la vérité de l'autre. Mais il ne résulte pas de là que nous puissions passer *immédiatement* de l'une à l'autre : car il y a dans la seconde un élément négatif qui n'existe pas dans la première; et cet élément ne peut venir, ce semble, que de la représentation de *quelque chose* qui *ne soit pas* B, et ne puisse pas, par suite, être A.

Quant au principe sur lequel repose la contraposition, je ne sache pas qu'il ait eu jusqu'ici l'honneur de figurer au nombre des axiomes de la logique ; je n'hésite pas cependant à le mettre sur la même ligne que celui de la subalternation, et à le formuler en disant que, lorsqu'un attribut en suppose un autre comme sa condition, la négation de la condition entraîne celle du conditionné : *sublata conditione, tollitur etiam conditionatum.*

Mais tout ce que nous venons de dire de l'universelle affirmative doit pouvoir s'appliquer encore une fois à l'universelle négative : car dire que nul A n'est B, c'est dire que la notion A exclut la notion B, et que la première ne peut pas être réalisée dans le même sujet que la seconde ; c'est dire, en d'autres termes, que la présence de l'attribut A, dans quelque sujet que ce soit, suppose, comme une condition indispensable, l'absence de l'attribut B. Nous pouvons donc nier l'attribut A de tout sujet qui ne remplit pas cette condition, c'est-à-dire qui possède l'attribut B ; et si nous appelons provisoirement ce sujet « B », nous raisonnerons ainsi, dans la seconde figure et en *Cesare* :

> Nul A n'est B :
> *or* tout B est B :
> *donc* nul B n'est A.

Il semble que ce raisonnement devait s'appeler la contraposition de l'universelle négative : car il est exactement parallèle à celui que nous avons fait tout à l'heure sur l'universelle affirmative, quoique la négation d'une condition qui est elle-même négative prenne, dans la mineure, la forme d'une affirmation. Mais tandis que la contraposition de l'universelle affirmative en modifie la qualité et y introduit un terme *indéfini*, celle de l'universelle négative aboutit à la transposition pure et simple des termes de la proposition primitive ; et Aristote lui a donné, à cause de ce résultat, le nom de conversion, qu'elle porte encore aujourd'hui.

Revenons encore à notre universelle affirmative, mais considérons-la cette fois comme l'expression d'un *fait* : Tout A est B, en d'autres termes, chacun des sujet réels, $x$, $y$, $z$, qui possèdent l'attribut A, possède aussi l'attribut B. Il est clair que nous ne pouvons pas appliquer ce fait, comme une loi, à un autre fait, et que par conséquent nous n'en pouvons, en ce sens, rien conclure : mais nous pouvons, si nous voulons absolument sortir de la proposition donnée, renverser l'expression de ce fait lui-même, et l'énoncer sous cette forme : Quelque B est A. D'une part en effet nous ne donnons aux sujets, $x$, $y$, $z$, le nom de A que parce qu'ils possèdent l'attribut A ; de l'autre, nous affirmons que ces mêmes sujets possèdent l'attribut B : nous pouvons donc également les désigner par le nom de ce dernier attribut, et en affirmer ensuite explicitement l'attribut A. Seulement, tandis que nous les appelions tout à l'heure « tout A », nous ne les appellerons maintenant que « quelque B » : car nous ne savons pas si l'attribut B n'appartient pas encore à d'autres sujets, $s$, $t$, $u$, dans lesquels il ne coïncide plus avec l'attribut A. Mais cette opération, qui n'est autre que la conversion de l'universelle affirmative, est un véritable syllogisme de la troisième figure, en *Darapti* :

Tout A est A :

*or* tout A est B :

*donc* quelque B est A.

C'est la majeure, dans ce syllogisme, qui est identique : mais il va de soi qu'elle ne l'est qu'en apparence, et que ce n'est pas de la notion A, mais des sujets réels, $x$, $y$, $z$, représentés par l'expression « tout A », que nous affirmons, dans cette majeure, qu'ils sont A. Ce qu'il importe de remarquer ici, c'est que, tandis que tout à l'heure c'était un attribut, A ou B, qui servait de moyen terme entre le sujet réel, $x$, et un autre attribut, B ou A, ce sont maintenant les sujets réels, $x$, $y$, $z$, qui nous permettent de passer logiquement de B à A. De ce que A, en effet, implique B, il ne résulte pas que B à son tour implique A : mais de ce que A et B résident dans *les mêmes sujets réels*, il résulte à la fois, et avec une égale évidence, que quelque chose qui est A est en même temps B, et que quelque chose qui est B est en même temps A. La conversion de l'universelle affirmative est donc bien un raisonnement, mais un raisonnement d'un genre particulier, et qui n'est, en réalité, qu'un appel à l'intuition ; on pourrait en formuler le principe en disant que l'attribut d'un sujet s'affirme par accident d'un autre attribut de ce même sujet : *nota rei est accidens notæ alterius*.

Ce que nous venons de dire de l'universelle affirmative, considérée comme l'expression d'un fait, s'applique aussi à la particulière affirmative : car dire que quelque A est B, c'est dire que, parmi les sujets réels de l'attribut A, il y en a au moins un, $x$, qui possède l'attribut B. $x$ est donc A, comme tous les autres sujets qui possèdent le même attribut et que nous désignons par le même nom : mais $x$, seul peut-être entre tous les sujets de A, est en même temps B : nous pouvons donc faire pour lui ce que nous avons fait pour tous ces sujets pris ensemble, c'est-à-dire le désigner par l'expression « quelque B » et en affirmer explicitement l'attribut A [1]. Nous raisonnerons encore

1. Mais pourquoi ne pas désigner $x$, dans la majeure aussi bien que dans la mineure, par l'expression « quelque A » ? — Parce que cette expression est indéterminée, et pourrait tout aussi bien représenter un autre sujet de A, $y$ ou $z$, qui ne serait pas B ; tandis que l'expression « tout A », enveloppant tous les sujets de A, représente certainement, dans le nombre, celui dont il s'agit, $x$.

dans la troisième figure, mais cette fois, en *Datisi* :

Tout A est A :
*or* quelque A est B :
*donc* quelque B est A.

Il n'y a du reste aucune différence essentielle entre la conversion de l'universelle affirmative et celle de la particulière affirmative : car il nous suffit de part et d'autre d'établir, qu'en fait, l'attribut B coexiste quelque part avec l'attribut A ; et un seul exemple, en pareil cas, prouve autant que plusieurs.

En revanche aucune proposition négative, soit universelle, soit particulière, ne peut se convertir, si l'on entend par conversion une opération analogue aux deux précédentes et fondée sur le même principe. Supposons en effet que, des sujets réels, $x$, $y$, $z$, réunis sous le nom de A, ou seulement de l'un d'eux, $x$, nous ne sachions qu'une chose, c'est qu'ils ne sont pas B : ne serait-il pas absurde de les désigner par le nom de l'attribut B, qui ne leur appartient pas, et plus absurde encore d'en nier l'attribut A, qui leur appartient, et dont ils portent le nom ? L'emploi de la forme syllogistique nous fournit du reste ici une excellente pierre de touche : car il n'y a aucun mode de la troisième figure dans lequel une proposition négative, soit universelle, soit particulière, puisse entrer comme mineure, et

qui puisse par conséquent en opérer la conversion. Essaiera-t-on de raisonner en *Felapton* sur
l'universelle, et en *Bocardo* sur la particulière, en
prenant pour mineure la proposition identique
« Tout A est A » ? La conclusion sera, dans le
premier cas, la subalterne de la proposition donnée;
dans le second, cette proposition elle-même.

Il est presque superflu d'ajouter que les propositions particulières ne comportent, ni subalternation, ni contraposition, puisqu'elles ne sont
pas l'expression d'une loi, mais simplement celle
d'un fait. D'où vient donc que plusieurs logiciens, la plupart même, selon W. Hamilton [1], ont
admis une contraposition de la particulière négative ? — On peut toujours, dans une proposition
négative, détacher la négation de la copule pour
la joindre à l'attribut; on transforme par là cette
proposition en une sorte d'affirmative, que l'on
nomme *indéfinie* : A n'est pas B, en d'autres termes, A est non -B. Nous pouvons donc remplacer
la particulière négative « Quelque A n'est pas B »
par la particulière *indéfinie* « Quelque A est non
-B » ; et puisque cette dernière proposition est
affirmative, au moins dans sa forme, nous pouvons la convertir, comme toutes les affirmatives,
et y substituer celle-ci : « Quelque non -B est A ».
On voit qu'il n'y a rien là qui ressemble à une
contraposition véritable. Il serait facile d'obtenir

1. *Lectures on Logic.*, leç. XIV, t. I, p. 264.

par le même procédé une sorte de conversion indirecte de l'universelle négative, que l'on appellerait sans doute aussi *contraposition*, à cause de sa ressemblance extérieure avec la contraposition de l'universelle affirmative : Nul A n'est B, en d'autres termes, tout A est non -B, donc quelque non -B est A. On croit enrichir la logique en mettant ainsi des opérations purement verbales sur la même ligne que les opérations réelles : on ne réussit qu'à persuader aux autres et à soi-même qu'elle n'est pas l'art de raisonner sérieusement, mais celui de combiner des signes et de jouer avec des formules.

Il n'y a, en définitive, que deux sortes de subalternation, celle de l'universelle affirmative et celle de l'universelle négative ; deux sortes de contraposition, celles des deux universelles ; et deux sortes de conversion, celles des deux affirmatives. Toutes ces opérations sont, pour la pensée, des syllogismes, dans lesquels le moyen terme est réellement distinct des deux extrèmes ; elles ne sont immédiates qu'en apparence et dans l'expression, parce que le moyen prête, dans les quatre premières, son nom au petit terme, et emprunte, dans les deux dernières, celui du grand. Les deux formes de la subalternation sont deux modes de la première figure, celles de la contraposition, deux modes de la seconde, et celles de la conversion, deux modes de la troisième.

La méthode qui fait dépendre la légitimité des figures de celle des *conséquences* dites *immédiates*, consiste donc à démontrer *obscurum per æque obscurum* : à moins toutefois qu'elle ne démontre *clarum per æque clarum*, et que les principes sur lesquels reposent ces opérations ne soient eux-mêmes le fondement direct des figures auxquelles elles appartiennent. C'est ce que nous n'aurons peut-être pas beaucoup de peine à établir.

Il ne saurait y avoir de difficulté pour la première figure, car tout le monde convient que cette figure a un principe qui lui est propre, et que ce principe est précisément celui dont nous nous sommes servis pour expliquer la subalternation. Entre une subalternation et un syllogisme ordinaire de la première figure, il n'y a qu'une différence : c'est que, dans l'une, le nom du petit terme est remplacé par celui du moyen, A, tandis que, dans l'autre, ce même terme porte un nom distinct et particulier, C. Or il y a deux sortes de subalternation, celle de l'universelle affirmative et celle de l'universelle négative : il y a donc deux espèces de syllogismes de la première figure, selon que la majeure est affirmative ou négative : car cette majeure, qui est l'expression d'une loi, est nécessairement universelle. La mineure, qui subsume le sujet, A ou C, à la loi exprimée par la majeure, est nécessairement affirmative : mais, tandis qu'elle est particulière dans la subalternation, elle peut, dans le syllogisme proprement dit. être universelle ou particulière. Le nom que nous donnons maintenant au sujet, C, est en effet celui d'un attribut qui lui appartient; et cet attribut peut, ou emporter, par lui-même et dans tous les sujets auxquels il s'étend, l'application de la loi, ou coïncider simplement, dans un sujet donné, avec cette application. La première figure a donc, comme l'avait pensé Aristote, quatre modes[1], qui sont les suivants :

**BARBARA**

Tout A est B :
*or* tout C est A :
*donc* tout C est B.

**CELARENT**

Nul A n'est B :
*or* tout C est A :
*donc* nul C n'est B.

**DARII**

Tout A est B :
*or* quelque C est A :
*donc* quelque C est B.

**FERIO**

Nul A n'est B :
*or* quelque C est A :
*donc* quelque C n'est pas B.

Voyons maintenant, puisque nous avons reconnu dans la contraposition un syllogisme de la seconde figure, si cette figure ne résulterait pas, avec

---

1. Leibniz donne à cette figure un cinquième et un sixième mode, en remplaçant les conclusions universelles des modes *Barbara* et *Celarent* par les particulières correspondantes. Il donne de même six modes à la seconde figure, en subalternant les conclusions de *Cesare* et de *Camestres*, et six à la quatrième, en subalternant la conclusion de *Celantes*. Mais ces subalternations sont, quoi qu'il en dise, de véritables *épisyllogismes*, dont la conclusion ne doit pas être rattachée aux prémisses du syllogisme principal. Voy. *Nouveaux Essais*, liv. IV, ch. XVII, § 4.

tous ses modes, du principe même de la contraposition. D'après ce principe, nous pouvons nier le conditionné A, de tout sujet qui ne remplit pas la condition, que cette condition soit elle-même positive
ou négative, que ce soit la possession de l'attribut
B, ou au contraire l'exclusion de ce même attribut.
Mais nous le pouvons aussi, que ce sujet soit connu
ou inconnu en lui-même, qu'il soit désigné par le
nom même de l'attribut qu'il possède ou qu'il
exclut, ou par un autre nom qui lui soit particulier, C. La contraposition est donc précisément à
la seconde figure ce que la subalternation est à la
première, c'est-à-dire une application anticipée et
indéterminée du même principe : c'est un syllogisme de la seconde figure, dans lequel le nom du
petit terme est resté en blanc. Or il y a deux sortes
de contraposition, celle de l'universelle affirmative
et celle de l'universelle négative : il y a donc deux
espèces de syllogismes de la seconde figure, selon
que la majeure est affirmative ou négative: car
cette majeure, qui est, comme dans la première
figure, l'expression d'une loi, est nécessairement
universelle. La mineure, qui nie que le sujet rem-
plisse la condition imposée par la loi, est essentiellement négative: mais si cette condition, et
par conséquent la majeure, est elle-même négative,
la mineure se trouve être la négation d'une négation et prend la forme d'une affirmation. Dans la
contraposition, elle est toujours universelle; dans

le syllogisme proprement dit, elle peut être universelle ou particulière, selon que l'attribut C, qui donne maintenant son nom au sujet, emporte, par lui-même et dans tous les cas, la négation de la condition positive ou négative, B, où coïncide simplement, dans un sujet donné, avec cette négation. La seconde figure a donc le même nombre de modes que la première, et pour des raisons analogues ; je crois devoir placer, comme dans la première, ceux dans lesquels la majeure est affirmative avant ceux dans lesquels elle est négative.

|  CAMESTRES  |  CESARE  |
|---|---|
| Tout A est B : | Nul A n'est B : |
| *or* nul C n'est B : | *or* tout C est B : |
| *donc* nul C n'est A. | *donc* nul C n'est A. |

|  BAROCO  |  FESTINO  |
|---|---|
| Tout A est B : | Nul A n'est B : |
| *or* quelque C n'est pas B : | *or* quelque C est B : |
| *donc* quelque C n'est pas A. | *donc* quelque C n'est pas A. |

Il ne nous reste plus qu'à nous demander si le principe de la conversion, c'est-à-dire d'un syllogisme en *Darapti* ou en *Datisi*, à majeure identique, ne pourrait pas devenir le fondement commun de tous les modes de la troisième figure. D'après ce principe, il suffit qu'un sujet réel, $x$, possède l'attribut B, pour que nous soyons autorisés à substituer l'expression « quelque B » au nom que ce sujet portait auparavant, A ; et comme l'attribut A ne peut manquer d'appartenir au sujet auquel il donnait son nom, nous affirmons, par suite de cette substitution, que quelque B est A. Mais une fois le nom de B substitué à celui de A, nous sommes libres d'affirmer de quelque B, non seulement l'attribut A, mais encore tout autre attribut, C, qui appartient également au sujet réel, $x$ ; nous pouvons de même nier de quelque B tout attribut qui n'appartient pas à $x$, et que nous en avons nié, lorsqu'il portait encore le nom de A. En un mot, tout ce qui s'affirme ou se nie d'un sujet, peut aussi être affirmé ou nié par accident d'un attribut de ce même sujet ; et la formule *nota rei est accidens notæ alterius* » doit être complétée par celle-ci : *repugnans rei repugnat per accidens notæ*. La subalternation et la contraposition sont des syllogismes des deux premières figures dans lesquels le petit terme *n'est pas assez* déterminé, parce que nous n'avons pas d'autre nom pour le désigner que celui du moyen ; la conversion est un syllogisme de la troisième figure dans lequel le grand terme est, au contraire, *trop* déterminé, parce que ce terme est exclusivement l'attribut qui donne son nom au moyen. Or il y a deux sortes de conversion, celle de l'universelle affirmative et celle de la particulière affirmative : il y a donc deux espèces de syllogismes de la troisième figure, selon que la mineure est universelle ou particulière : car cette mineure, qui nous autorise à désigner le sujet réel, $x$, par le nom de son attribut, B, est nécessairement affirmative. Quand la mineure est universelle, la majeure peut être, non seulement affirmative ou négative, mais encore universelle ou particulière : car si nous pouvons, en vertu de cette mineure, désigner tous les sujets de A par l'expression « quelque B », nous sommes toujours sûrs de pouvoir appliquer cette expression à celui de ces sujets dont nous disons dans la majeure qu'il est, ou qu'il n'est pas, C. Mais si la mineure est particulière, la majeure doit être universelle : car il faut que l'affirmation ou la négation de C porte, dans cette majeure, sur tous les sujets de A, pour que nous soyons sûrs qu'elle porte en particulier sur celui d'entre eux que nous appelons, en vertu de la mineure, « quelque B ». La troisième figure ne peut donc avoir que les six modes que tout le monde lui reconnaît ; je place les derniers ceux dans lesquels la mineure est particulière.

| DARAPTI | FELAPTON |
|---|---|
| Tout A est C : | Nul A n'est C : |
| *or* tout A est B : | *or* tout A est B : |
| *donc* quelque B est C. | *donc* quelque B n'est pas C. |

| DISAMIS | BOCARDO |
|---|---|
| Quelque A est C : | Quelque A n'est pas C : |
| *or* tout A est B : | *or* tout A est B : |
| *donc* quelque B est C. | *donc* quelque B n'est pas C. |

| DATISI | FERISON |
|---|---|
| Tout A est C : | Nul A n'est C : |
| *or* quelque A est B : | *or* quelque A est B : |
| *donc* quelque B est C. | *donc* quelque B n'est pas C[1]. |

Aucun des quatorze modes admis par Aristote n'a donc besoin de démonstration, puisqu'il n'y en a aucun qui ne soit aussi clair par lui-même que les *conséquences immédiates* dont on pourrait se servir pour le démontrer. On ramène, dit-on, la seconde figure à la première par la conversion de la majeure: mais on n'applique cette règle qu'aux modes *Cesare* et *Festino*, dans lesquels la majeure est une universelle négative, de sorte que cette prétendue conversion est, en réalité, une contraposition. On ne pouvait songer, dans les modes *Camestres* et *Baroco*, à convertir la majeure, qui serait devenue particulière, et n'aurait pu dès lors jouer le rôle de majeure dans la première figure : on s'est tiré d'affaire, pour *Camestres*, en renversant d'abord l'ordre des prémisses, puis celui des termes dans la mineure devenue la majeure, pour le renverser de nouveau dans la conclusion. Mais le même expédient ne pouvait servir pour

---

1. Un contemporain de Kant, Lambert, a fort bien indiqué le principe et la fonction de chacune de ces trois figures ; je lui suis en particulier redevable de cette idée, que le raisonnement, dans la troisième, repose sur l'emploi d'un exemple. Mais il me paraît faire de vains efforts pour donner un sens à la quatrième, qu'il réduit du reste virtuellement à la première, puisque sa notation permet de lire le même mode, en allant du petit terme au grand, ou du grand au petit. Voyez son *Neues Organon*, Dianoïologie, ch. IV, §§ 209-215, 225-233.

*Baroco*, dont la mineure et la conclusion sont des particulières négatives: on a donc cru devoir renoncer ici à toute démonstration directe, et l'on s'est borné à démontrer, en *Barbara*, que la fausseté supposée de la conclusion entraînerait celle de la mineure. On se serait épargné tous ces embarras, si l'on avait remarqué que la prétendue conversion de la majeure négative, dans les modes *Cesare* et *Festino*, n'était autre chose qu'une contraposition: car on aurait été conduit par là à contraposer aussi, comme l'ont fait du reste quelques logiciens [1], la majeure affirmative de *Camestres* et de *Baroco*, sauf à remplacer la mineure négative de ces deux modes par une affirmative *indéfinie*. On aurait ainsi appliqué aux quatre modes de la seconde figure un procédé uniforme, et l'on aurait obtenu par ce procédé quatre syllogismes de la première, irréprochables dans la forme, sinon dans le fond :

#### CAMESTRES-CELARENT
Nul non-B n'est A :
*or* tout C est non-B :
*donc* nul C n'est A.

#### CESARE-CELARENT
Nul B n'est A :
*or* tout C est B :
*donc* nul C n'est A.

#### BAROCO-FERIO
Nul non-B n'est A .
*or* quelque C est non-B :
*donc* quelque C n'est pas A.

#### FESTINO-FERIO
Nul B n'est A :
*or* quelque C est B :
*donc* quelque C n'est pas A.

1. On trouvera leurs noms dans une note des *Lectures on Logic de* Hamilton, leç. XXII, t. I, p. 440.

Ces quatre syllogismes sont en effet aussi concluants que les syllogismes primitifs de la seconde figure : seulement, tandis que dans ceux-ci on fait au sujet C une application renversée de la loi « Tout A est B », ou « Nul A n'est B », on commence dans les nouveaux par renverser l'expression de cette loi, pour en faire ensuite à ce même sujet une application directe. Or une loi de la nature est toujours directe en elle-même, bien que notre esprit puisse en renverser l'application : A, dans la réalité, implique B, et c'est à nous de conclure, si l'occasion s'en présente, de la négation de B à la négation de A. Lors donc que, dans un syllogisme de la seconde figure, nous remplaçons la majeure directe « Tout A est B » par la majeure renversée « Nul non-B n'est A », nous substituons à une *loi* réelle de la nature la *règle* des conclusions négatives que nous pouvons en tirer ; et lorsque, raisonnant ensuite dans la première figure, nous subsumons à cette nouvelle majeure le petit terme C, nous traitons cette règle, qui n'existe que dans notre esprit, comme si elle existait en elle-même, et déterminait objectivement la nature de C. En un mot, au lieu de faire d'une loi objective un usage subjectif, nous faisons d'une règle subjective un usage objectif, autorisé par la forme logique, mais métaphysiquement illégitime.

On ramène, dit-on, la troisième figure à la première par la conversion de la mineure : mais on reconnaît que ce procédé n'est pas applicable aux modes *Disamis* et *Bocardo*, dans lesquels la majeure est particulière, et ne peut pas par conséquent servir de majeure à un syllogisme de la première figure. On a donc recours, pour ces deux modes, à des expédients analogues à ceux dont j'ai parlé plus haut : on transpose les prémisses de *Disamis*, comme celles de *Camestres*, et l'on convertit la majeure devenue la mineure, pour convertir ensuite la conclusion. Quant à *Bocardo*, on le démontre, comme *Baroco*, par l'absurde, en prouvant que la fausseté de la conclusion entraînerait celle de la majeure ; W. Hamilton applique à cette majeure et à cette conclusion la prétendue conversion des particulières négatives, et ramène ainsi *Bocardo* à la première figure par le même chemin que *Disamis*[1]. Quant aux quatre autres modes, *Darapti*, *Datisi*, *Felapton* et *Ferison*, on les ramène en effet par la conversion de leur mineure, les deux premiers à *Darii*, et les deux derniers à *Ferio* :

DARAPTI-DATISI-DARII

Tout A est C :
*or* quelque B est A :
*donc* quelque B est C.

FELAPTON–FERISON–FERIO

Nul A n'est C :
*or* quelque B est A :
*donc* quelque B n'est pas C :

mais sait-on par quel détour et au prix de quelle

1. *Lectures on Logic.*, leç. XXII, t. I, p. 443, sq..

complication ? La majeure nous apprend, dans ces modes comme dans les autres, qu'un sujet réel, $x$ sous le nom de A, est, ou n'est pas, C ; nous savons d'autre part, par la mineure, que ce même sujet est B : nous pouvons donc le désigner dans la majeure par l'expression « quelque B », et faire ainsi de la majeure elle-même la conclusion « quelque B est, ou n'est pas, C ». Voilà le procédé très simple, fondé sur le principe de la troisième figure, qui réussit toujours, quelle que soit la quantité de la majeure, pourvu que l'identité de $x$, dans les deux prémisses, soit hors de doute. Au lieu de cela, que fait-on ? Ce n'est pas dans la majeure, c'est dans la mineure, que l'on remplace le nom de $x$, A, par l'expression « quelque B » ; puis, affirmant de cet $x$, devenu « quelque B », l'attribut dont il tirait auparavant son nom, on déclare que quelque B est A. Mais ce n'est pas de cela qu'il s'agissait : il s'agissait de prouver que quelque B est, ou n'est pas, C ; et la conversion de la mineure ne constituerait pas même à cet égard un commencement de preuve, si la majeure était particulière : car de ce que quelque B est A, et que quelque A est, ou n'est pas, C, il est impossible de rien conclure. Mais il se trouve, dans ces quatre modes, que la majeure est universelle : nous pouvons donc y voir l'expression, non plus d'un fait, mais d'une loi ; elle peut signifier pour nous, non

plus que $x$, sous le nom de A, est, ou n'est
pas, C, mais que la notion A, considérée en
elle-même, implique, ou exclut, la notion C. Nous
touchons cette fois au but ; nous avons prouvé,
par la conversion de la mineure, que quelque B
est A ; il résulte du nouveau sens que nous donnons à la majeure, qu'être A, c'est être, ou au
contraire n'être pas, C : nous pouvons donc enfin
conclure, comme nous nous l'étions proposé, que
quelque B est, ou n'est pas, C. Mais il est visible
que nous n'avons obtenu ce résultat qu'au moyen
de *deux* syllogismes, l'un de la troisième figure,
l'autre de la première ; l'un qui nous a fait passer, par l'intermédiaire de $x$, de B à A, l'autre
qui, nous prenant en quelque sorte où le premier
nous avait laissés, et faisant de A à son tour un
moyen terme entre $x$ et C, a achevé de nous con-
duire de B à C. Mais, entre $x$ et C, nous n'avions
pas besoin de moyen terme ; il nous suffisait
de savoir comme un fait que $x$ est, ou n'est pas,
C, sans chercher une raison à ce fait dans la relation idéale qui peut exister entre A et C.

Mais ce qui ne nous a paru vrai, ni de la seconde
figure, ni de la troisième, l'est, de l'aveu de tout
le monde, de la quatrième : car cette figure ne
repose sur aucun principe qui lui soit propre, et
n'a aucun mode qui n'ait besoin d'être démontré
à l'aide, soit de la conversion, soit de la contraposition. Du reste, ni Aristote, qui a suggéré l'idée

de ces modes[1], ni Théophraste qui les a intro-
duits dans la logique[2], n'ont songé à en former
une figure distincte ; et les noms même qu'on
leur a donnés au moyen âge prouvent que la ma-
jorité des logiciens n'avait pas cessé de les regarder comme des modes indirects de la première.
Tout le monde convient que les trois premiers,
*Baralipton*, *Celantes* et *Dabitis*, ne sont au fond
que les modes *Barbara*, *Celarent* et *Darii*, dans
lesquels la conclusion est renversée ; les partisans de la quatrième figure prétendent seulement que ce renversement suffit pour faire du
petit terme le grand, et du grand le petit : ils
veulent donc que les prémisses changent aussi
de nom et de place, et appellent en conséquence
*Baralipton*, *Bamalip*, *Celantes*, *Calemes*, *et Dabitis*, *Dimatis* [3]. L'originalité de la quatrième figure,

---

1. *Anal. I*, liv. I, ch. VII ; liv. II, ch. I. Les remarques d'Aristote sur
les syllogismes dont on peut renverser, soit les prémisses, soit la
conclusion, s'appliquent du reste aux trois figures. En suivant ces
indications, on pourrait donner, non seulement neuf modes à la première figure, mais encore huit à la seconde et douze à la troisième ;
et comme on aurait trois conclusions universelles dans la première
et quatre dans la seconde, on arriverait, en subalternant ces conclusions, au chiffre uniforme de douze modes par figure. Il est vrai
que, dans la seconde et dans la troisième, les modes indirects ne
différeraient des modes directs que par l'ordre des prémisses.

2. *Sch. in Arist.*, éd. Brandis, 156ᵇ 2, sqq..

3. Hamilton, *Lectures on Logic*, leç. XXII, t. I, p. 445. On dit
ordinairement *Baralip*, *Calentes* et *Dibatis*, mais les symboles de
Hamilton me paraissent préférables. Supposons en effet que, dans
le mode *Celantes*, on place, avec les partisans de la quatrième figure,
les prémisses dans l'ordre suivant :

si elle en avait une, résiderait plutôt dans les deux derniers modes, *Fapesmo* et *Frisesomorum* : on ne peut pas dire en effet que ces modes ne diffèrent de *Ferio* que par la conclusion, puisque les prémisses sont elles-mêmes toutes différentes, et que la conclusion, qui est une particulière négative, ne peut être, ni contraposée, ni convertie. Mais c'est ici dans les prémisses elles-mêmes que la pensée renverse l'ordre apparent des termes et des propositions : la majeure, universelle ou particulière, « Tout A, ou quelque A, est B » devient la mineure particulière « Quelque B est A » ; la mineure universelle « Nul C n'est A » devient la majeure, également universelle, « Nul A n'est C » : et la conclusion « Quelque B n'est pas C » n'est plus alors que le résultat direct d'un syllogisme en *Ferio*. Les partisans de la quatrième figure sont du reste les premiers à l'entendre ainsi : car non seulement ils avouent que l'ordre des termes et des propositions doit

> Tout C est A :
> Nul A n'est B,

on sera toujours obligé, pour démontrer ce mode, de transposer les prémisses, au moins par la pensée, et de revenir à l'ordre de la première figure :

> Nul A n'est B :
> Tout C est A,

et puisque la transposition des prémisses est indiquée par la lettre *m*, le nouveau nom de ce mode doit être *Calemes*, et non *Calentes*. Les partisans de la quatrième figure doivent donc introduire dans le nom des trois premiers modes l'*m* qu'ils suppriment dans le nom des deux derniers.

être interverti par la pensée, mais ils transposent
effectivement les prémisses, et changent en conséquence *Fapesmo* en *Fesapo*, et *Frisesomorum*
en *Fresison*. On peut donc disputer sur les noms,
mais tout le monde est d'accord sur les choses :
*Baralipton*, *Celantes* et *Dabitis* sont des modes
de la première figure, à conclusion renversée ;
*Fapesmo* et *Frisesomorum* sont des modes renver-
sés, ou rétrogrades de la première figure.

Il est d'ailleurs facile de prouver que le syllogisme a trois figures essentiellement distinctes et
ne peut en avoir que trois. Toute démonstration
logique a pour but d'établir qu'un attribut existe,
ou n'existe pas dans un sujet, ou plutôt, comme
ce sujet ne peut être conçu lui-même que sous
un attribut, qu'un attribut coexiste, ou ne coexiste
pas, avec un autre, dans un sujet réel. Or le rapport de ces deux attributs ne peut être établi qu'à
l'aide d'un moyen terme ; et ce moyen terme est
nécessairement, ou un troisième *attribut*, ou le *sujet*
même, dans lequel l'un des attributs donnés coïncide, ou ne coïncide pas, avec l'autre. Comme le sujet,
dans ce dernier cas, doit être distingué par la pensée des deux attributs auxquels il sert de lien, nous
sommes obligés de nous le *représenter* sous un troisième attribut : mais ce dernier attribut ne joue
aucun rôle dans le raisonnement, et c'est le sujet,
considéré dans sa *réalité*, qui établit une liaison
*synthétique* entre les deux attributs donnés. Au

contraire, l'attribut qui sert de moyen terme entre deux autres peut bien coïncider simplement avec celui des deux sous lequel nous concevons le sujet, car il suffit qu'il réside lui-même dans ce sujet, à quelque titre que ce soit : mais il doit être lié *analytiquement* avec celui que nous nous proposons d'affirmer, ou de nier, du sujet, car autrement il n'aurait pas par lui-même la vertu de l'y introduire, ou de l'en exclure. Mais un rapport analytique entre deux attributs ne peut être que celui du conditionné à la condition : donc, ou le moyen terme sera le conditionné, et l'existence du conditionné dans le sujet entraînera celle de la condition ; ou il sera la condition, et la négation de cette condition entraînera pour nous celle du conditionné. Le premier de ces deux cas est précisément celui de la première figure ; le second est celui de la seconde ; enfin le cas où un sujet réel sert de moyen terme entre deux attributs est celui de la troisième. La logique vulgaire confond la seconde figure avec la première, c'est-à-dire un raisonnement qui renverse l'ordre naturel des termes, et qui n'a qu'une valeur négative et subjective, avec un raisonnement qui le suit, et qui a une valeur positive et objective. Aristote a reconnu implicitement l'originalité de la troisième figure, en remarquant qu'elle pouvait se démontrer par *ecthèse* : mais il a mieux aimé la réduire à la première, et subordonner le rapport synthétique qui s'établit de lui-même dans le sujet réel entre les deux attributs donnés, au rapport analytique qui peut quelquefois exister entre l'un de ces attributs et celui sous lequel nous nous représentons le sujet. Il y a donc trois formes logiques de démonstration, et il n'y en a que trois ; elles ne peuvent pas rentrer l'une dans l'autre, mais il ne peut pas y avoir de démonstration logique qui né rentre dans l'une d'elles.

Toute démonstration logique est déductive ou inductive, quoique l'induction échappe en grande partie aux lois de la pure logique. Or en dehors du syllogisme par excellence, ou syllogisme *catégorique*, il n'existe que trois formes simples de déduction, inventées peut-être dans l'école d'Aristote, mais employées surtout dans celle de Zénon [1] : le syllogisme *hypothétique*, le syllogisme *copulatif* et le syllogisme *disjonctif*. Dans ces syllogismes, comme dans ceux des deux premières figures, la majeure énonce le rapport de deux attributs : seulement ces attributs ne sont plus considérés absolument et en eux-mêmes, mais en tant qu'ils appartiennent à un sujet donné ; l'idée d'une loi générale, applicable à tous les faits de même ordre, a fait place à celle d'un fait, qui porte en quelque sorte en lui-même sa loi particulière.

Le syllogisme hypothétique peut prendre deux formes :

1. *Sch. in Arist.* éd. Brandis, 169ᵇ 25, sqq.

| MODUS PONENS | MODUS TOLLENS |
|---|---|
| Si S est A, S est B : | Si S est A, S est B : |
| *or* S est A : | *or* S n'est pas B : |
| *donc* S est B. | *donc* S n'est pas A. |

Combinons la lettre S avec les lettres A et B, pour montrer que les attributs représentés par ces deux dernières lettres ne sont pas détachés par la pensée du sujet S : la première forme du syllogisme hypothétique se ramènera aisément à la première figure du syllogisme catégorique, et la seconde, à la seconde :

| BARBARA | CAMESTRES |
|---|---|
| S-A est S-B : | S-A est S-B : |
| *or* S est S-A : | *or* S n'est pas S-B : |
| *donc* S est S-B. | *donc* S n'est pas S-A. |

Le syllogisme copulatif n'a qu'une forme :

S n'est pas à la fois A et A′ :
*or* S est A :
*donc* S n'est pas A′.

A et A′ représentent ici, non plus deux attributs *subordonnés,* dont l'un implique l'autre, mais deux attributs *coordonnés,* qui s'excluent mutuellement. La mineure pourrait être également : or S est A′, et la conclusion : donc S n'est pas A : mais comme A′ exclut A, précisément au même titre que A exclut A′, le second syllogisme ne différerait du premier que par sa matière. Mais ce syllogisme

équivaut évidemment au syllogisme hypothétique,
à majeure négative :

Si S est A, S n'est pas A′ :

*or* S est A :

*donc* S n'est pas A′,

qui équivaut lui-même au syllogisme catégorique
en *Celarent* :

S-A n'est pas S-A′ :

*or* S est S-A :

*donc* S n'est pas S-A′.

Le syllogisme disjonctif a, comme le syllogisme
hypothétique, deux formes :

| MODUS PONENDO TOLLENS, | MODUS TOLLENDO PONENS |
|---|---|
| S est A ou A′ : | S est A ou A′ : |
| *or* S est A : | *or* S n'est pas A : |
| *donc* S n'est pas A′. | *donc* S est A′. |

A et A′ sont deux attributs coordonnés qui s'excluent mutuellement, mais qui sont en même
temps les *seuls* attributs possibles de S, de sorte
que la négation de l'un implique l'affirmation de
l'autre. On pourrait encore ici multiplier les mi-
neures et les conclusions, mais on doit faire abstraction de toute différence qui ne serait que maté-
rielle. Mais les deux formes du syllogisme
disjonctif ne sont au fond que deux variétés de
la première forme du syllogisme hypothétique :

| Si S est A, S n'est pas A′ : | Si S n'est pas A, S est A′ : |
|---|---|
| *or* S est A : | *or* S n'est pas A : |
| *donc* S n'est pas A′. | *donc* S est A′, |

qui peuvent se ramener à leur tour aux deux modes suivants de la première figure :

| CELARENT | BARBARA |
|---|---|
| S-A n'est pas S-A' : | S-non-A est S-A' : |
| *or* S est S-A : | *or* S est S-non-A : |
| *donc* S n'est pas S-A'. | *donc* S est S-A'. |

L'induction n'appartient à la logique que par sa forme, et cette forme est celle d'un syllogisme de la troisième figure. Supposons en effet que nous voulions prouver par induction que l'aimant attire le fer : nous constaterons d'une part qu'un corps A attire les parcelles de fer dont on l'approche, et nous remarquerons d'autre part que ce même corps possède toutes les propriétés déjà connues de l'aimant. Nous poserons ainsi les deux prémisses d'un syllogisme en *Darapti* :

> Le corps A attire le fer :
> *or* le corps A est un aimant,

dont nous devrions conclure seulement, *vi formæ*, « donc *quelque* aimant attire le fer » : mais comme nous sommes fondés à croire que le corps particulier A agit en vertu d'une propriété générale de l'aimant, nous concluons, *vi materiæ*, « donc *tout* aimant attire le fer ». La plupart des logiciens ont fait de l'induction un syllogisme de la première figure, dont la mineure serait dans notre exemple : « or tout aimant est le corps A ». Mais le corps A, qui est un sujet réel, ne peut

pas jouer dans une proposition le rôle d'attribut ;
d'ailleurs la majeure « Le corps A attire le fer »
n'est pas l'expression d'une loi, mais celle d'un
fait : nous sommes en possession, non d'une loi
que nous puissions appliquer à un fait, mais d'un
fait dont nous cherchons à dégager une loi. Or
c'est précisément ce que nous faisons, jusqu'à
un certain point, dans tout syllogisme de la troisième figure : car, de ce qu'un sujet A possède
l'attribut C, et de ce que ce même sujet possède
aussi l'attribut B, nous concluons que l'attribut C
coexiste, *au moins dans un cas*, avec l'attribut B.
Que nous faut-il de plus pour affirmer que l'attribut C coexiste, *dans tous les cas*, avec l'attribut B ?
Deux choses : savoir *a priori* que l'attribut C *doit*
avoir son antécédent parmi les autres attributs
de A ; placer A dans des conditions telles que, de
tous ses attributs, B soit le seul qui *puisse* être
l'antécédent de C. Tout syllogisme de la troisième
figure est donc une induction commencée ; toute
induction est un syllogisme de la troisième figure,
dans lequel la raison et l'expérience achèvent
l'œuvre du raisonnement.

# LA PROPOSITION ET LE SYLLOGISME

## I

### DIVISION ET SUBDIVISION DES PROPOSITIONS

Je voudrais avant tout voir rapporter à deux genres différents des propositions telles que celles-ci : d'une part : « Pierre est homme ; tout homme est mortel ; tous les membres de cette famille sont instruits » ; de l'autre : « Pierre est fils de Paul ; Fontainebleau est moins grand que Versailles ; Philippe-le-Bel a régné après Philippe-Auguste ; Orléans est au sud de Paris, etc. ».

Toutes ces propositions sont également composées de deux termes : mais la nature de ces termes et le rapport qui les unit diffèrent profondément des premières aux dernières.

Les deux termes, dans chacune des premières, sont un sujet et un prédicat, le sujet représentant partout un ou plusieurs êtres, et le prédicat, une manière d'être inhérente à ces êtres. Ainsi les

mots « mortel » et « instruit » expriment la qualité commune, l'un, de tous les hommes, l'autre,
de tous les membres d'une certaine famille.
« Homme », dans le premier exemple, où il est
prédicat, a la valeur d'un adjectif, et représente,
non un être humain, mais la qualité d'homme qui
appartient à Pierre. Si « homme », dans cet exemple, représentait un être humain, cet être ne
pourrait être que Pierre lui-même, et le prédicat
ne serait qu'une inutile répétition du sujet.

Pour beaucoup de logiciens, le prédicat d'une
proposition ne représente, ni un être, ni une
manière d'être, mais une classe, dans laquelle
on range, ou dont on exclut, l'être ou les êtres
représentés par le sujet. — Sans doute il y a des
cas, en histoire naturelle par exemple, où l'objet
que l'on se propose en parlant d'un être est de
le classer. Mais lorsqu'on dit d'un certain nombre de personnes qu'elles sont instruites, on est
fort loin de penser que les êtres instruits forment
une classe, et que ces personnes en fassent partie. « Mortel » était réellement, dans la pensée
des anciens, le nom d'une classe d'êtres, opposée
à celle des immortels : mais ce mot ne réveille
plus aujourd'hui que l'idée d'une condition imposée par la nature à tous les êtres vivants. Une
remarque suffit d'ailleurs pour faire justice de
cette théorie : c'est que, pour ranger un être
dans une classe plutôt que dans une autre,

il faut avoir une raison, et que cette raison
ne peut être qu'une manière d'être qui lui
soit commune avec les autres membres de cette
classe. Avant de mettre Pierre au nombre des
hommes, il faut avoir reconnu qu'il porte en lui-
même le caractère de *l'*homme. Or c'est précisément ce qu'on exprime en disant qu'il est homme.
On conclura ensuite de là, si l'on veut, qu'il est
au nombre des hommes ; et c'est ce qu'on expri-
mera en disant, non plus qu'il est homme, mais
qu'il est *un* homme.

Quels sont maintenant les termes dans une
proposition telle que « Pierre est fils de Paul »,
ou « Fontainebleau est moins grand que Versailles » ? La réponse, pour tout esprit non prévenu,
est que ces termes sont « Piere » et « Paul », dans
un exemple, « Fontainebleau » et « Versailles »,
dans l'autre : car ce sont bien ces deux hommes
et ces deux villes que l'on entend, de part et d'autre, mettre en rapport. Mais de ces deux termes,
on ne peut pas dire que le second soit prédicat
du premier : car Paul n'est pas inhérent à Pierre,
ni Versailles à Fontainebleau, à titre de qualité ou
de détermination quelconque. La vérité est plutôt
que ces sortes de propositions n'ont pas de
prédicat et ne se composent que de sujets,
puisque les deux termes y représentent également des êtres. — Mais alors, entre ces deux termes, quel peut être le rapport ? — Celui même

qu'expriment les mots qui les relient l'un à l'autre, et qui constituent ici la véritable copule : Pierre est l'effet dont Paul est la cause ; Versailles est, à l'égard de Fontainebleau, un terme de comparaison au point de vue de la grandeur. Il n'y a pas de nécessité à ce qu'une proposition exprime toujours un rapport d'inhérence : elle peut tout aussi bien exprimer un rapport de causalité, d'égalité ou d'inégalité dans le nombre ou dans la grandeur, de succession, de situation géographique, etc..

On a cru longtemps que tous ces rapports pouvaient et devaient se résoudre en rapports d'inhérence. Il n'y a, pensait-on, qu'une copule possible, le mot « est », signe de l'affirmation ; et lorsqu'on dit que Pierre est fils de Paul, ou que Fontainebleau est moins grand que Versailles, « fils de » forme avec « Paul », et « moins grand que », avec « Versailles », un prédicat, du genre de ceux que l'on appelle complexes. N'affirme-t-on pas réellement de Fontainebleau qu'il est moins grand que Versailles, comme on en affirme qu'il est sain et agréable à habiter ? — Oui, mais « moins grand que Versailles » ne représente pas, comme « sain » ou « agréable à habiter », une manière d'être inhérente à Fontainebleau. Si Versailles était anéanti, et si Fontainebleau continuait à exister, Fontainebleau cesserait d'être moins grand que Versailles, sans qu'il y eût rien pour cela de changé en lui. « Moins grand que Versailles » n'exprime, à l'égard de Fontainebleau, qu'une relation, qui ne réside pas en lui, qui ne réside pas davantage dans Versailles, qui n'existe en réalité que dans notre esprit, et au moment où il nous plaît d'instituer une comparaison entre ces deux villes. Ce n'est donc pas un prédicat, et ce sont au contraire les mots « est moins grand que » qui sont une copule. Le premier exemple peut faire hésiter, parce que les mots « fils de Paul » peuvent réveiller l'idée des qualités physiques ou morales, du rang, de la fortune, etc., que Pierre a hérités de Paul. Pris en ce sens, ces mots constitueraient un prédicat. Mais si l'on veut dire simplement que Pierre doit sa naissance à Paul, « fils de Paul » ne représente pas plus une manière d'être de Pierre, que « moins grand que Versailles » une manière d'être de Fontainebleau. Ici encore il n'y a pas de prédicat, et il n'y a de complexe que la copule.

La différence des deux genres de propositions est au fond celle-ci : la proposition, dans le premier genre, est l'analyse d'une existence : le sujet représente cette existence en elle-même et dans son fond, le prédicat la représente dans sa détermination ou dans sa forme. Le mot « est » est pris dans la plénitude de son sens métaphysique : « Pierre est homme » signifie que Pierre existe, c'est-à-dire apparaît à sa propre cons-

cience et à celle d'autrui, sous la forme de l'huma-
nité. Au contraire une proposition du second
genre opère un simple rapprochement entre deux
êtres extérieurs l'un à l'autre, comme deux
hommes ou deux villes. S'agit-il même, à proprement parler, de deux *êtres* ? Lorsque nous
disons que Fontainebleau est moins grand que
Versailles, peu nous importe ce que chacune de
ces villes est en tant que ville : nous ne voyons en
elles que deux grandeurs, dont l'une, si elles
étaient superposées, excéderait les limites de
l'autre. De même, quand nous disons que Philippe-
le-Bel a régné après Philippe-Auguste, ou qu'Orléans est au sud de Paris, Philippe-le-Bel et Philippe-Auguste ne sont pour nous que deux moments
de l'histoire, Orléans et Paris, que deux points
différemment situés sur le globe terrestre. La copule, dans ces sortes de propositions, n'a pas de
valeur métaphysique ; elle est plutôt analogue
aux signes dont on se sert en arithmétique et en
géométrie, pour exprimer les rapports des nom-
bres ou ceux des grandeurs.

Il conviendrait, ce semble, de distinguer ces
deux genres de propositions en appelant les
premières, *propositions d'inhérence*, et les secondes, *propositions de relation*.

Ces dernières propositions peuvent-elles, comme
les premières, servir à former des syllogismes ?
Oui, mais des syllogismes d'un genre par-

ticulier, aussi différents de ceux d'Aristote qu'elles diffèrent elles-mêmes des propositions d'inhérence. Rien n'empêche de dire, par exemple : « Versailles est moins grand que Paris : or Fontainebleau est moins grand que Versailles: donc Fontainebleau est moins grand que Paris » ; « Paul est fils de Jacques, frère de Jean, etc. : or Pierre est fils de Paul : donc Pierre est neveu de Jean, petit-fils de Jacques, etc. ». Ce sont bien là des syllogismes, en ce sens qu'un terme moyen, « Paul », dans un exemple, « Versailles », dans l'autre, sert à établir un rapport entre deux termes extrêmes, comme « Pierre » et « Jacques », « Fontainebleau » et « Paris ». Mais ces syllogismes ont leurs formes et leurs lois propres, plus voisines de celles du raisonnement mathématique que de celles de la logique traditionnelle. On pourrait croire qu'il suffit de traiter les propositions qui les composent comme des propositions d'inhérence, pour en faire des syllogismes aristotéliques de la première figure. Que l'on en fasse l'essai sur le premier des deux exemples qui précèdent. « Versailles est moins grand que Paris » sera la majeure; « Fontainebleau est moins grand que Versailles » sera la mineure. « Moins grand que Paris », prédicat de la majeure, sera le grand terme; « Fontainebleau », sujet de la mineure, sera le petit. Mais quel sera le moyen ? Ce ne sera pas « Versailles », sujet de la majeure,

mais qui n'est, dans la mineure, qu'une partie du
prédicat; ce ne sera pas « moins grand que Versailles », prédicat de la mineure, mais dont une
partie seulement figure, dans la majeure, comme
sujet; il n'y en aura point, et un raisonnement irré-
prochable en lui-même paraîtra, sous une forme
qui n'est pas la sienne, irrégulier et illégitime.

Il conviendrait donc de distinguer deux genres
de syllogismes, comme deux genres de propositions, des *syllogismes d'inhérence* et des *syllogismes de relation* [1].

Soient maintenant les propositions suivantes :
d'une part : « Pierre est homme » ; d'une autre :
« Tout homme est mortel; Quelque homme est
sincère » ; d'une autre enfin : « Tous les memb res
de cette famille sont instruits; Quelques membres
de cette famille sont savants ». Toutes ces propositions expriment également des rapports d'inhérence : mais je dis qu'elles sont, dans un même
genre, de trois, ou si on l'aime mieux, de cinq
espèces différentes.

La proposition « Pierre est homme » est de
celles que l'on nomme *singulières*. Ces sortes de

---

1. L'originalité de ces derniers syllogismes n'avait pas échappé
aux Stoïciens, qui les appelaient des λόγοι ἀμεθόδως περαίνοντες (*Sch. in
Aristot.*, éd. Brandis, 147ᵇ 20, sqq., et 253ᵃ 39, sqq. ). L'auteur d'une
Εἰσαγωγὴ διαλεκτική attribuée à Galien les appelle les syllogismes du
πρός τι, et les oppose à la fois aux syllogismes catégoriques et aux
syllogismes hypothétiques (éd. Kalbfleisch, Leipzig, Teubner, 1896,
p. 38, sqq.).

propositions ont ordinairement pour sujet un
nom propre : mais ce n'est pas là ce qui les caractérise : car ce nom peut toujours être remplacé
par un nom commun, accompagné d'autres mots
qui en restreignent suffisamment la _ signification. Ce qu'il y a ici d'essentiel, c'est que l'être
représenté par le sujet est considéré dans
sa réalité propre et individuelle, en dehors de
toute détermination, soit absolue, soit relative
à d'autres êtres ; c'est que l'affirmation qui porte
sur lui est, par suite, *immédiate*, c'est-à-dire
qu'aucune idée ne s'interpose dans notre esprit
entre celle de son être et celle de la manière
d'être que nous en affirmons. Si nous avons recours, pour le désigner, à des expressions qui le
déterminent (et l'on sait que les noms propres
eux-mêmes sont au fond dans ce cas), nous ou-
blions ce qui, en elles, le détermine, et nous ne
nous en servons que pour le désigner, comme si
nous le montrions du doigt. Ce n'est, ni d'un certain homme, ni d'un certain animal, ni d'un certain être vivant, c'est de Pierre que voici, et en
tant qu'il est lui, que* nous disons qu'il est
homme.

Que représente le sujet dans une proposition
*collective* (il me semble du moins que c'est ainsi
qu'il faut l'appeler), comme « Tous les membres de cette famille sont instruits » ? Au fond
et avant tout, un certain nombre d'êtres indivi-

duels, Pierre, Paul, Jacques, etc., de sorte que
cette proposition peut être regardée en ce sens
comme une somme de propositions singulières.
Mais entre l'idée de chacun de ces êtres et celle
de la qualité commune que nous en affirmons, nous
interposons l'idée d'une autre qualité que nous
savons déjà leur être commune, celle de membre
d'une certaine famille; et c'est sous le couvert,
en quelque sorte, de cette seconde qualité, que
nous affirmons d'eux la première. Nous ne considérons même en eux, pour un moment, que cette
seconde qualité, et nous perdons de vue leurs caractères individuels : ce n'est pas de Pierre en
tant que Pierre, de Paul en tant que Paul, c'est
de tous indistinctement, et en tant que membres
d'une certaine famille, que nous disons qu'ils sont
instruits. D'un autre côté, c'est bien sur la personne de chacun d'eux, et non sur leur qualité
de membres de cette famille, que porte notre affirmation, car il serait absurde de notre part d'affirmer une manière d'être d'une autre. Nous ne
voulons pas dire non plus que la qualité d'instruit soit tellement liée à celle de membre de
cette famille, que quiconque possède celle-ci doive
aussi posséder celle-là; nous voulons dire simplement que tous ceux qui, en ce moment, possèdent l'une se trouvent aussi posséder l'autre,
sans qu'il y ait peut-être d'autre relation entre
elles que leur coïncidence actuelle dans un certain

nombre d'êtres. La qualité de membre de cette famille n'est en définitive pour nous qu'une sorte de signe ou de substitut des êtres dont nous affirmons celle d'instruit; elle n'est pas la raison déterminante de notre affirmation, et ne sert pas de lien entre ces êtres et la qualité que nous en affirmons. Notre proposition, médiate dans l'expression, et en un sens dans notre pensée, reste au fond, et dans sa signification objective, *immédiate*.

Entre une proposition *collective*, comme « Tous les membres de cette famille sont instruits », et une proposition *générale*, comme « Tout homme est mortel », il y a une différence profonde, que l'on n'a peut-être pas toujours assez remarquée. Cette dernière proposition ne signifie pas, ou du moins ne signifie pas directement, que tous les hommes considérés individuellement sont mortels; elle signifie que quiconque est homme, ou qu'un être quelconque, s'il est homme et par cela seul qu'il l'est, est aussi mortel. Elle exprime donc avant tout, entre la qualité d'homme et celle de mortel, une liaison telle que, là où se trouve la première, là doit aussi et nécessairement, nous le présumons du moins, se trouver la seconde. Notre affirmation, par suite, ne porte pas, dans cette proposition comme dans la précédente, sur un nombre défini d'êtres individuels. Il ne s'agit pas seulement pour nous de tous les

hommes qui sont actuellement sur la terre; il
s'agit de tous ceux qui y sont déjà venus ou qui
y viendront à l'avenir, entre deux limites qu'il
nous est impossible de fixer. Nous ne considérons
pas ces hommes, en nombre indéfini, comme formant un groupe et possédant en commun la qualité de mortel : nous les considérons comme
exactement équivalents et indéfiniment substitua-
bles les uns aux autres, de sorte que, ce que nous
affirmons de l'un, nous l'affirmons par cela
même de tous les autres. Notre affirmation porte
sur un homme en quelque sorte schématique, qui
n'est aucun des hommes individuels, mais qui peut
devenir indifféremment chacun d'eux; ou plutôt
elle porte sur l'homme à la fois idéal et réel qui
est en eux sans être eux, et dont l'existence, purement potentielle en elle-même, s'achève et passe
à l'acte dans la leur. Une proposition comme « Tout
homme est mortel » a donc deux sens distincts,
quoique inséparables : l'un abstrait, que l'on pourrait appeler de principe ou de droit, dans lequel
elle signifie que la qualité d'homme, considérée en
elle-même, implique celle de mortel; l'autre concret et de fait, mais général et hypothétique, dans
lequel elle signifie qu'un être quelconque, s'il
possède la première, possède aussi la seconde. Elle
est essentiellement *médiate*, la qualité d'homme
étant, à l'égard de l'être quelconque dont nous
affirmons celle de mortel, la raison même de notre

affirmation, et jouant par conséquent, entre lui et cette dernière qualité, le rôle logique de moyen terme. Et comme cet être quelconque se trouvera toujours être, en réalité, Pierre, Paul, Jacques, etc., on peut dire de cette proposition qu'elle contient, et qu'elle est elle-même virtuellement, un nombre indéfini de syllogismes.

La proposition « Quelques membres de cette famille sont savants » est évidemment de même ordre que la proposition « Tous les membres de cette famille sont instruits ». Elle est, comme elle, l'expression pure et simple d'un fait; elle est aussi, comme elle, *immédiate*, la qualité de savant n'étant pas plus que celle d'instruit liée à celle de membre d'une certaine famille, et notre affirmation, dans les deux cas, portant directement sur un certain nombre d'êtres individuels. Elle n'en diffère qu'en un point, qui n'a d'ailleurs qu'une importance secondaire : c'est que, tandis que le sens de « tous » est déterminé, celui de « quelques » ne l'est pas, de sorte que lorsqu'on nous dit que quelques membres d'une famille sont savants, on nous apprend bien que la science est représentée dans cette famille, mais on ne nous apprend, ni par combien de ses membres, ni, à plus forte raison, par lesquels. Je ne crois même pas que le pluriel « quelques » signifie nécessairement que la science compte, dans cette famille, plus d'un représentant, pas plus que le singulier « quelque » ne signifierait qu'elle n'en compte qu'un seul ; et je proposerais d'écrire indifféremment l'un ou l'autre, si je ne préférais réserver l'emploi du singulier pour une autre sorte de propositions. Quoi qu'il en soit, celle dont il s'agit maintenant est incontestablement, comme celle dont je l'ai rapprochée, une collective ; on pourrait dire, pour les distinguer, que l'une est une *collective totale*, et par cela même *déterminée*, tandis que l'autre est une *collective* à la fois *partielle* et *indéterminée*.

Que la proposition « Quelque homme est sincère » soit de même ordre que la proposition « Tout homme est mortel », c'est ce qu'on aura peut-être plus de peine à admettre, et qui n'est pas cependant, à mes yeux, moins certain. Qu'il soit bien entendu avant tout que cette proposition ne signifie pas qu'un ou plusieurs hommes que j'ai rencontrés et observés sont, en fait, sincères. Elle suppose, il est vrai, qu'il existe, ou tout au moins qu'il a existé, de tels hommes : car autrement je n'aurais aucune raison d'affirmer que quelque homme est sincère : mais le fait qui lui sert de fondement n'en forme pas pour cela le contenu. Le véritable contenu de cette proposition, c'est la conclusion que j'ai tirée de ce fait, et qui est qu'un homme peut, d'une manière générale, être sincère. La formule qui en ferait le mieux ressortir le sens serait, ce me semble, celle-ci :

« Tel qui est homme est aussi sincère », analogue
à celle que j'ai proposée plus haut : « Quiconque
est homme est aussi mortel ». Elle signifie essentiellement que la qualité d'homme, considérée en
elle-même, n'exclut pas celle de sincère ; et elle
signifie en même temps que ces deux qualités, je
ne dis pas, coexistent, mais peuvent coexister
dans un être humain : car je crois qu'il serait
encore vrai de dire : « Tel qui est homme est aussi
sincère », alors même qu'il n'y aurait, pour un
temps, sur la terre, aucun homme qui le fût en
effet. Il y a donc dans cette proposition, comme
dans la proposition « Tout homme est mortel »,
un sens de droit et un sens de fait, mais avec
cette double différence que le premier est purement négatif, et que la coexistence représentée
par le second n'est qu'une coïncidence, qui
n'est, ni nécessaire, ni peut-être même actuelle,
mais simplement possible. Elles sont l'une et
l'autre *médiates*, mais en sens, en quelque sorte,
inverse : car dans l'une, c'est la qualité d'homme
qui sert de moyen terme entre un homme quelconque et celle de mortel ; et dans l'autre, c'est
au contraire l'homme possible dans lequel la qualité de sincère est supposée coexister avec celle
d'homme, qui joue entre ces deux qualités le
rôle de moyen terme, comme l'ont joué avant
lui les hommes réels dans lesquels nous en avons
constaté la coexistence effective. Quoi qu'il en

soit, il me semble que ces deux propositions méritent également le nom de *générales*, si l'on entend par ce mot, non ce qui est vrai dans une totalité de cas, mais ce qui est vrai idéalement, en deçà, pour ainsi dire, de tout cas, et susceptible, par suite, de se réaliser dans un nombre de cas indéfini. Or la relation abstraite de deux qualités est toujours générale en ce sens, qu'elle soit positive ou négative, que la première implique la seconde, ou qu'elle se borne à ne pas l'exclure ; et l'idée de la coexistence de ces deux qualités dans un même être est toujours aussi une idée générale, que cette coexistence soit nécessaire, et doive avoir lieu dans tous les cas où la première est donnée, ou qu'elle soit simplement possible, et destinée à se réaliser dans une partie seulement de ces cas, mais dans une partie entièrement indéterminée, et qui peut devenir indifféremment, ou nulle, ou égale au tout. On pourrait dire de la proposition « Tout homme est mortel » qu'elle est générale déterminée, et de la proposition « Quelque homme est sincère » qu'elle est générale indéterminée, mais il me paraît inutile de substituer ces expressions aux noms consacrés par l'usage d'*universelle*, pour l'une, et de *particulière*, pour l'autre.

Il y a donc bien trois espèces de propositions d'inhérence, en ce sens que les unes sont singulières, d'autres collectives, et d'autres générales ;

LA PROPOSITION ET LE SYLLOGISME

et l'on peut dire aussi, en divisant encore ces deux
dernières espèces, que les propositions d'inhérence
sont de cinq sortes, singulières, collectives déterminées, collectives indéterminées, universelles, et
enfin particulières.

De ces cinq sortes de propositions, deux seulement, les universelles et les particulières, ont eu
jusqu'ici leur place marquée dans les cadres de la
syllogistique. Les trois autres n'en ont pas été, en
réalité, exclues : mais elles n'y ont été admises qu'à
la faveur d'une assimilation des singulières aux
universelles, et d'une véritable confusion, d'une
part, entre ces dernières et celles que j'ai appelées
collectives déterminées, de l'autre, entre les collectives indéterminées et les particulières. C'était
leur faire à la fois trop peu et trop d'honneur et
de place. On ne voit pas d'abord comment une proposition singulière pourrait jouer, dans la première
figure, le rôle de majeure : car si l'on disait : « Pierre
est homme : or quelque animal est Pierre : donc
quelque animal est homme », il est clair que l'on
voudrait dire dans la mineure : « or Pierre est
animal », et que l'on raisonnerait, en réalité, dans
la troisième figure. Rien de plus légitime que de
dire, dans la première : « Tout sage et heureux :
or Pierre est sage : donc Pierre est heureux », ou
dans la seconde : « Tout sage est heureux : or Paul
n'est pas heureux : donc Paul n'est pas sage », parce
que la majeure commune de ces deux syllogismes

établit, entre la qualité de sage et celle d'heureux, un rapport tel que, là où est la première, là doit être aussi la seconde, et que là où celle-ci n'est pas, celle-là ne peut pas être non plus. Mais il serait absurde de dire, dans la première figure : « Tous les membres de cette famille sont instruits : or Pierre est membre de cette famille : donc Pierre est instruit », ou en sens inverse, dans la seconde : « Tous les membres de cette famille sont instruits : or Paul n'est pas instruit : donc Paul n'est pas membre de cette famille » : car on ne pourrait affirmer que *tous* les membres de cette famille sont instruits qu'en supposant, ce qu'il s'agirait précisément de prouver, que Pierre, qui est l'un d'eux, est instruit, et que Paul, qui n'est pas instruit, n'est pas l'un d'eux[1]. Soit maintenant, dans la troisième figure, le syllogisme « Pierre est sincère : or Pierre est homme : donc quelque homme est sincère » : comment faut-il entendre cette conclusion ? Comme une particulière, et en ce sens qu'un homme peut, d'une manière générale, être sincère ? Elle mérite alors le nom de conclusion, et nous apprend ce que nous avons intérêt à savoir. Comme une collective indétermi-

1. On voit, par le rapprochement de ces exemples, ce qu'il faut penser de la pétition de principe reprochée dès l'antiquité au syllogisme de la première figure, et que l'on aurait pu reprocher aussi à celui de la seconde. Le reproche ne porte que contre les cas où la majeure est en réalité, sous le nom d'universelle, une collective déterminée. Voy. Sextus Empiricus, *Hypot. Pyrrh.*, liv. II, ch. xiv, § 196 ; et Stuart Mill, *Système de Logique*, liv. II, ch. iii, § 2.

née, et en ce sens qu'un certain homme (car il ne peut être question ici que d'un seul) est sincère ? Elle n'est alors qu'une inutile répétition de la majeure : car ce certain homme ne peut-être que Pierre lui-même. Il y a donc un véritable intérêt logique à ne pas confondre les cinq sortes de propositions que j'ai essayé de distinguer. Toutes peuvent également jouer leur rôle dans la syllogistique de l'inhérence : mais elles ne peuvent y jouer que des rôles déterminés pour chacune d'elles, et variables selon les figures [1].

1. On aura peut-être remarqué une contradiction entre cette étude et la précédente, au sujet des propositions particulières. Je ne leur reconnaissais en 1876 qu'un sens de fait, et je ne les distinguais pas de celles que j'appelle maintenant collectives indéterminées ; j'essaie aujourd'hui d'établir qu'elles ont, aussi bien que les universelles, une valeur générale, et un sens de droit en même temps qu'un sens de fait. Je souhaite que l'on veuille bien me donner, dans cette dernière manière de voir plutôt que dans la première, raison contre moi-même.

# II

J'entends par figures du syllogisme, non seulement différentes manières de combiner le moyen terme avec les deux extrêmes, mais aussi et avant tout, ce qui est la raison même de ces combinaisons, différentes manières de raisonner et de prouver, soit la vérité, soit la fausseté, d'une proposition d'inhérence. Mais comment et de combien de manières peut-on prouver cette vérité ou cette fausseté ?

Prouver la vérité d'une proposition d'inhérence, c'est faire voir qu'une manière d'être appartient ou n'appartient pas à un être ; et c'est ce qui n'est possible, à défaut d'expérience directe, que si l'on a recours à une autre manière d'être, qui, d'une part, appartienne à l'être donné, et qui, de l'autre, implique ou exclue celle qu'il s'agit d'en affirmer ou d'en nier. Il serait évidemment inutile de faire intervenir, soit un autre être, soit une manière d'être qui ne résiderait pas dans l'être donné, ou dont la présence en lui n'entraînerait pas nécessairement la présence de celle qui doit en être affirmée, ou l'absence de celle qui doit en être niée.

La preuve ne peut donc résulter que du concours de deux prémisses : une majeure, énonçant le rapport abstrait de la manière d'être choisie comme intermédiaire avec celle qu'elle implique ou qu'elle exclut; et une mineure, qui énonce le rapport concret de cette même manière d'être avec l'être qui la possède. La conclusion sera que cet être possède aussi la manière d'être impliquée, ou ne possède pas la manière d'être exclue. « Tout homme », dira-t-on, « est mortel : or Pierre est homme : donc Pierre est mortel ». Ce syllogisme, dans lequel le nom de la manière d'être prise pour intermédiaire est sujet de la majeure et prédicat de la mineure, est celui de la première figure.

La majeure de ce syllogisme est nécessairement universelle; elle peut être affirmative ou négative, ou plutôt elle doit être l'un ou l'autre, selon la conclusion à laquelle on se propose d'aboutir. La mineure, nécessairement affirmative, aura pour quantité celle de la conclusion : car elle a le même sujet; et la conclusion peut être, soit singulière, soit collective déterminée ou indéterminée, soit universelle ou particulière : car une manière d'être peut être affirmée ou niée,

soit·d'un individu, tel que Pierre, soit d'un groupe
ou d'une partie indéterminée d'un groupe, comme
tous les membres d'une famille ou quelques-uns
d'entre eux, soit d'un être conçu, d'une manière
générale et hypothétique, comme donné ou don-
nable, tel que « tout homme » ou « quelque homme ».
Lorsque la mineure et la conclusion sont singulières ou collectives, elles n'ont qu'un sens de
fait et qu'une valeur concrète. Lorsqu'elles sont
universelles ou particulières, elles ont, comme
la majeure elle-même, une valeur à la fois abstraite
et concrète, et un sens de droit en même temps
qu'un sens de fait. Mais dans la majeure, nous
nous attachons toujours exclusivement au sens
de droit, parce que ce qui nous importe et ce qui
sert à la preuve, c'est le rapport abstrait qu'elle
établit entre deux manières d'être. Dans la mineure et dans la conclusion, lorsqu'elles ont,
comme la majeure, deux sens, nous mettons en
quelque sorte l'accent sur le sens de fait, parce
que l'objet même du syllogisme est de réaliser
dans un rapport de fait le rapport de droit
énoncé par la majeure. Mais lorsqu'une conclusion universelle devient la majeure d'un nouveau syllogisme de la première ou de la seconde
figure, l'accent, dans cette conclusion, se reporte
de lui-même du sens de fait sur le sens de droit.

Si l'on considère que la majeure, nécessairement
universelle, peut être affirmative ou négative, et

que la mineure, nécessairement affirmative, peut
être singulière, collective déterminée, collective
indéterminée, universelle, et enfin particulière, on
trouvera que les modes de la première figure sont
réellement au nombre de dix. Le chiffre tradi-
tionnel de quatre s'explique par l'assimilation
des singulières aux universelles, et par la double
confusion, des collectives déterminées avec les
universelles, et des collectives indéterminées avec
les particulières.

Nous venons de voir que la première figure
du syllogisme est le seul moyen possible de
prouver la vérité d'une proposition d'inhérence.
Si donc, comme l'a voulu Aristote, il y en a deux
autres, il ne reste pour celles-ci d'autre emploi
que de prouver la fausseté d'une proposition du
même genre. Mais y a-t-il là une tâche nouvelle,
et que la première figure soit impuissante à remplir ? On peut, au moyen de cette figure, démontrer toute espèce de proposition, non seulement
affirmative, mais encore négative. Or qu'est-ce
qu'une proposition négative, sinon la négation
d'une affirmative ? et qu'est-ce, par conséquent,
que démontrer une proposition négative, sinon
prouver la fausseté de l'affirmative dont elle est
la négation ? En supposant enfin qu'il y ait là
une tâche nouvelle, pourquoi, pour la remplir,
deux figures et non une seule ?

Il est vrai qu'une proposition négative n'est,

dans beaucoup de cas, que la négation d'une affirmative. « Pierre est bon » est ou prétend être
l'expression d'une vérité, et « Pierre n'est pas
bon » énonce que cette prétendue vérité n'en
est pas une. Il faut seulement observer que la
proposition négative qui contredit une affirmative
doit toujours être, à moins que celle-ci ne soit
singulière, de quantité opposée. La contradictoire
de « Tous les membres de cette famille sont instruits » n'est pas « Aucun des membres de cette
famille n'est instruit », mais « Quelques membres
de cette famille ne sont pas instruits ». La contradictoire de « Quelques membres de cette famille
sont savants » n'est pas « Quelques membres de
cette famille ne sont pas savants », mais « Aucun
des membres de cette famille n'est savant ». Mais
il ne faut pas croire qu'une proposition affirmative soit toujours destinée à exprimer une vérité,
et une proposition négative à contredire une
affirmative. Cela est vrai, lorsqu'il ne s'agit que
de vérités de fait ; cela ne l'est plus, lorsqu'il
s'agit de vérités de principe ou de droit. L'universelle affirmative « Tout homme est mortel »
et l'universelle négative « Nul homme n'est
impeccable », prises l'une et l'autre dans leur
sens de droit, sont également et au même titre
l'expression d'une *vérité* : car la première exprime
l'action logique, pour ainsi parler, par laquelle
la qualité d'homme attire et retient auprès d'elle

celle de mortel, et la seconde exprime l'action, non moins réelle et non moins positive, par laquelle cette même qualité repousse et tient éloignée d'elle celle d'impeccable. La particulière négative « Quelque homme n'est pas mortel » et la particulière affirmative « Quelque homme est impeccable » ne sont au contraire que deux négations, respectivement opposées aux deux universelles précédentes : car elles signifient que l'action exprimée par chacune de celles-ci n'a pas lieu, qu'il n'y a rien, dans la qualité d'homme, qui implique celle de mortel, et qu'il n'y a rien non plus, dans cette même qualité, qui exclue celle d'impeccable. Ainsi, lorsqu'il s'agit de propositions qui n'ont ou auxquelles on n'entend donner qu'un sens de fait, c'est toujours l'affirmative qui se présente comme vraie et la négative qui n'est que la négation de l'affirmative ; lorsqu'il s'agit d'universelles et de particulières, prises les unes et les autres dans leur sens de droit, c'est toujours l'universelle qui a ou prétend avoir, même sous une forme négative, une valeur positive, et la particulière qui n'a, même sous une forme affirmative, qu'une valeur négative.

Mais autre chose est une proposition négative ou particulière prise en elle-même, autre chose est cette même proposition démontrée par un syllogisme de la première figure : car elle emprunte alors à la majeure de ce syllogisme une

valeur positive qu'elle ne possédait pas par elle-
même. Si j'avance sans preuve que Pierre n'est
pas bon, j'énonce simplement qu'il est faux
qu'il le soit. Mais si je prouve qu'il ne l'est pas
par ce syllogisme : « Nul homme n'est bon » ou
« La nature humaine exclut la bonté : or Pierre
est homme » ou « enveloppe en lui la nature
humaine : donc Pierre n'est pas bon » : je dis
que cette même proposition a maintenant, en dépit de sa forme négative, une valeur positive : il
est *vrai* que Pierre n'est pas bon, parce qu'il ne
peut pas l'être et qu'il y a une raison *a priori*
pour qu'il ne le soit pas. Les particulières « Quelque homme n'est pas mortel » et « Quelque homme est impeccable » ne sont en elles-mêmes que
la négation des universelles « Tout homme est
mortel » et « Nul homme n'est impeccable ». Mais
essayons à tout hasard de les démontrer l'une et
l'autre par des syllogismes de la première figure :
disons d'une part : « Quiconque établit en lui un
équilibre stable entre la dépense et la répara-
tion des forces organiques n'est plus sujet à la
mort : or un homme peut établir en lui cet équilibre : donc un homme peut n'être pas mortel » ;
et de l'autre : « Quiconque, par une entière conversion, crée en lui une volonté sainte n'est
plus sujet au péché : or un homme peut créer en
lui cette volonté : donc un homme peut être impeccable » : que valent ces deux particulières, de-

venues la conclusion de ces deux syllogismes ? Je
dis qu'elles ne sont plus de simples négations, et
qu'elles ont maintenant une valeur positive, en
tant qu'elles procèdent, dans chacun d'eux, de la
majeure, et que la possibilité pour un homme
d'échapper, soit à la mort, soit au péché, nous
apparaît, en vertu de cette majeure, comme
quelque chose d'intelligible et de fondé *a priori*.
Sans doute, s'il est vrai que Pierre n'est pas
bon, il est faux qu'il soit bon, et la vérité supposée
des particulières « Quelque homme n'est pas mortel » et « Quelque homme est impeccable » entraîne la fausseté des universelles « Tout homme
est mortel » et « Nul homme n'est impeccable ».
Mais elle n'est pas elle-même cette fausseté ; et
s'il n'existait pas d'autre genre de preuve que le
syllogisme de la première figure, nous n'aurions
aucun moyen d'établir *directement* la fausseté,
soit d'une universelle, soit d'une affirmative : nous
ne pourrions l'établir qu'indirectement et par
l'intermédiaire d'une vérité.

Mais les preuves sont en réalité de deux genres : il y en a que l'on peut appeler positives, et
qui sont essentiellement, comme nous venons de
le voir, preuves de vérité ; il y en a d'autres que
l'on peut appeler négatives, et qui sont au contraire essentiellement, comme nous allons le voir,
preuves de fausseté. Les premières se tirent d'un
*principe* vrai, qui fonde *a priori* la vérité de la pro-

position que l'on a entrepris d'établir. Les secondes se tirent d'une *conséquence* qui découle de la proposition que l'on a entrepris de renverser, qui serait vraie si cette proposition était vraie, et qui, ne l'étant pas, se retourne contre elle, et prouve qu'elle est fausse. Les preuves négatives sont elles-mêmes de deux espèces, selon que la proposition qu'il s'agit de renverser est universelle, et se donne comme l'expression d'une vérité de droit, ou qu'elle est simplement affirmative, et ne prétend exprim ... qu'une vérité de fait. Donnons une idée de chacune de ces deux espèces, en commençant par la dernière. Vous affirmez comme un fait que Pierre est bon, ou qu'il a en lui la manière d'être appelée bonté. Mais cette manière d'être ne va pas sans un grand nombre d'autres, dont les unes en font partie, et dont les autres, quoique extérieures à elle, en sont cependant inséparables. Etre bon, c'est être juste, bienveillant, sincère ; de plus celui qui est bon est en paix avec tout le monde ; il est pour ceux qui le connaissent un objet d'estime et d'affection, etc.. Si Pierre est bon, il s'ensuit qu'il est aussi tout cela : mais s'il y a dans tout cela quelque chose qu'il ne soit pas, il s'ensuit en sens inverse qu'il n'est pas bon : car la bonté ne peut pas être là où manque ce qui en est partie intégrante ou suite nécessaire. Voici maintenant des exemples de conséquences retournées contre des propositions universelles. Vous énoncez, comme une loi du monde physique, que la qualité d'homme implique celle de mortel, et comme une loi du monde moral, que cette même qualité exclut celle d'impeccable. Si ces deux lois sont vraies, il en résulte qu'un être donné, quel qu'il soit, s'il est homme, est aussi mortel, et n'est pas, au contraire, impeccable. Si donc un être était donné, Pierre par exemple, qui, étant homme, ne fût pas mortel, et fût, au contraire, impeccable, il en résulterait, par une conséquence inverse, que ces deux lois sont fausses : car il n'y a pas, en logique, de droit contre le fait. Nous comprenons peut-être maintenant pourquoi il y a plus d'une figure du syllogisme, et pourquoi il y en a trois. Il n'y en aurait qu'une, la première, s'il n'y avait que des preuves positives, ou de vérité, quelle que fût d'ailleurs la nature des propositions que ces preuves seraient appelées à établir ; il y en a deux autres, parce qu'il y a en outre deux sortes de preuves négatives, qui ont pour fonction spéciale d'établir la fausseté, les unes, d'une proposition affirmative, les autres, d'une proposition universelle.

Nous avons essayé plus haut de déterminer les lois de la première figure : essayons de déterminer de même celles de la seconde et celles de la troisième. Supposons d'abord qu'il s'agisse de prouver la fausseté d'une proposition affirmative,

ou la non-possession par un être d'une manière
d'être. Nous aurons pour cela recours à une seconde manière d'être, qui d'une part, n'appartienne pas à l'être donné, et qui de l'autre, soit
impliquée par la première, et soit par conséquent
pour elle une condition d'existence. Où bien,
ce qui revient au même, nous prendrons pour
moyen terme une manière d'être qui appartienne,
au contraire, à l'être donné, mais qui soit exclue
par celle que l'on en affirmait, et dont l'absence,
par conséquent, soit une condition indispensable
de la présence de celle-ci. Il sera prouvé, dans
les deux cas, que l'être donné ne possède pas la
manière d'être qu'on lui attribuait, puisqu'il ne
remplit pas la condition à laquelle cette possession
est subordonnée. Mise en forme, cette preuve se
composera de deux prémisses : une majeure, établissant, comme dans la première figure, qu'une
manière d'être en implique, ou en exclut, une
autre ; et une mineure, par laquelle nous constaterons, non, comme dans la première figure, que
la première de ces manières d'être réside dans
l'être donné, mais que la seconde n'y réside pas,
si elle est impliquée par la première, ou qu'elle y
réside, si elle est, au contraire, exclue par elle.
La conclusion sera que l'être auquel manque, ou
qui au contraire possède, la manière d'être conditionnante, ne possède pas la manière d'être con-
ditionnée. Ce syllogisme, où le moyen terme,

c'est-à-dire la manière d'être conditionnante, joue, dans les deux prémisses, le rôle de prédicat, est celui de la seconde figure.

La majeure, dans cette figure, est nécessairement universelle, comme dans la première, et pour la même raison : elle peut aussi, comme dans la première, mais pour une raison différente, être affirmative ou négative. La mineure, qui énonce que l'être donné ne possède pas une manière d'être impliquée par celle qu'il s'agit d'en nier, ou en possède au contraire une que celle-ci exclut, sera nécessairement négative si la majeure est affirmative, et affirmative si elle est négative. La quantité de cette mineure sera celle de la conclusion : car toutes deux, ici encore, ont le même sujet : et la conclusion peut être, comme dans la première figure, singulière, collective déterminée ou indéterminée, universelle, ou enfin particulière : car l'affirmation dont on se propose de prouver la fausseté pouvait porter, soit sur un être individuel, soit sur un groupe ou une partie indéterminée d'un groupe, soit sur l'être schématique qui servait à réaliser l'idée d'une liaison nécessaire ou d'une coïncidence possible. Il est entendu que, si l'affirmation contre laquelle nous raisonnons est collective ou générale, notre conclusion, et par conséquent aussi notre mineure, devront être de quantité opposée : si nous voulons prouver qu'il est faux que tous les membres d'une

certaine famille soient instruits, nous énoncerons
d'abord que la qualité d'instruit en exclut une
autre, celle de superstitieux par exemple, et nous
ajouterons : « or quelques membres de cette
famille sont superstitieux : donc quelques membres de cette famille ne sont pas instruits » ; pour
prouver qu'il est faux que quelques membres de
cette même famille soient savants, nous dirons :
« Nul savant n'est superstitieux : or tous les membres de cette famille sont superstitieux : donc
aucun d'eux n'est savant ». Il faut aussi remarquer que, lorsque nous entreprenons de prouver,
par un syllogisme de la seconde figure, la fausseté d'une universelle ou celle d'une particulière,
ce n'est pas sur le sens de droit, mais sur le sens
de fait de l'une ou de l'autre, que porte notre
argumentation. Ce que nous nions, par exemple,
dans l'universelle « Tout savant est sage », ce n'est
pas le rapport abstrait qu'elle établit entre la qualité de savant et celle de sage : c'est le fait général de la possession de cette seconde qualité par
tout être qui possède la première ; et nous prou-
vons la fausseté de ce fait, en supposant que
cette seconde qualité en implique une troisième,
telle que celle de désintéressé, et qu'il peut tout
au moins se trouver un être qui, étant savant,
ne soit pas désintéressé. Sans doute, dans une
proposition universelle, le sens de fait et le sens
de droit sont solidaires, et la fausseté de l'un

entraîne celle de l'autre : autre chose est cependant de prouver, dans la seconde figure, la fausseté du fait, autre chose de prouver, dans la troisième, la fausseté du droit.

Il résulte de ce qui précède que les prémisses d'un syllogisme de la seconde figure sont, comme celles d'un syllogisme de la première, susceptibles de deux formes au point de vue de la qualité et de cinq au point de vue de la quantité, de sorte que le nombre des modes possibles est de dix dans l'une comme dans l'autre. La réduction de ce nombre à quatre s'explique encore une fois par l'assimilation des singulières aux universelles, et par la confusion des deux espèces de propositions collectives avec les deux espèces de propositions générales.

Supposons maintenant qu'il s'agisse de prouver, par une raison purement négative, la fausseté d'une universelle prise dans son sens de droit, c'est-à-dire la fausseté de la loi prétendue en vertu de laquelle une manière d'être en implique, ou en exclut, une autre. Si cette loi est vraie, il ne peut pas y avoir d'être dans lequel la première de ces manières d'être ne soit pas, ou soit au contraire, accompagnée de la seconde. Si donc il s'en trouve, ne fût-ce qu'un seul, qui unisse en lui ce que la loi sépare, ou qui sépare ce qu'elle unit, l'exemple de ce seul être suffit à prouver la fausseté de la loi. La preuve résulte, ici encore,

du concours de deux prémisses : une mineure qui
énonce que la première manière d'être réside dans
l'être pris pour exemple, et une majeure qui constate que ce même être ne possède pas, ou au contraire possède, la seconde. La conclusion est que
cette seconde manière d'être n'était pas exclue
par la première, puisqu'elle coïncide avec elle
dans cet être, ou n'était pas au contraire impliquée, par elle, puisqu'il se trouve un être qui
possède celle-ci sans posséder en même temps
celle-là. Ce syllogisme, dans lequel le moyen
terme ne représente plus une manière d'être,
mais un être, et joue par suite dans les deux
prémisses le rôle de sujet, est celui de la troisième figure.

. La mineure de ce syllogisme est nécessairement
affirmative, puisqu'il faut avant tout que la première des deux manières d'être dont il s'agit
réside dans l'être qui doit servir d'exemple. La
majeure sera affirmative ou négative, selon que
l'on voudra prouver que cette première manière
d'être n'exclut pas, ou au contraire n'implique
pas, la seconde. La quantité des prémisses est
indifférente en elle-même, et n'est soumise qu'à
une condition : c'est qu'il n'y ait pas de doute
possible sur l'identité de l'être, ou s'il y en a
plusieurs, de l'un au moins des êtres, dont la
première manière d'être est affirmée dans la
mineure, et dont la seconde est affirmée ou niée

dans la majeure. Cette identité n'apparaît jamais plus clairement que lorsque le moyen terme représente, dans les deux prémisses, un seul et même être individuel, et qu'elles sont par suite toutes deux singulières. Elle n'est pas moins certaine lorsqu'elles sont toutes deux collectives déterminées, le moyen terme représentant, dans l'une et dans l'autre, un même groupe d'êtres, comme tous les membres d'une famille. Mais elle deviendrait douteuse, si les prémisses étaient toutes deux collectives indéterminées : car, de ce que quelques membres d'une famille sont superstitieux et de ce que quelques membres de cette même famille sont savants, il ne résulte pas que la première de ces qualités coïncide, même dans un seul d'entre eux, avec la seconde [1]. Mais il est parfaitement légitime de dire : « Quelques membres de cette famille sont superstitieux : or tous les membres de cette famille sont instruits : donc on peut être à la fois instruit et superstitieux » ; ou, en prenant au contraire pour majeure une collective déterminée, et pour mineure une collective indéterminée: « Tous les membres

---

1. La coïncidence serait certaine, si l'on disait : « Des cinq membres de cette famille, trois sont superstitieux et trois sont savants », ou même, plus vaguement : « Des membres de cette famille, la plupart sont superstitieux et la plupart aussi sont savants ». Cette manière de raisonner a été proposée par quelques logiciens, sous le nom de *quantification ultra-totale* du moyen terme. Mais il semble qu'une détermination numérique, même imparfaite et implicite, ne soit pas à sa place dans un syllogisme d'inhérence.

de cette famille sont superstitieux : or quelques
membres de cette famille sont savants : donc on
peut être à la fois savant et superstitieux » : car
si quelques-uns sont superstitieux et si tous sont
instruits, la qualité de superstitieux *coïncide*, dans
les premiers, avec celle d'instruit ; si tous au contraire sont superstitieux et si quelques-uns sont
savants, la qualité de superstitieux coïncide, dans
ces derniers, n'y en eût-il qu'un seul, avec celle
de savant. Les prémisses peuvent être toutes deux
universelles, l'idée générale d'un homme quelconque, par exemple, servant d'intermédiaire entre
celles de deux manières d'être, comme celle de
raisonnable et celle d'animal. Elles ne peuvent pas
être toutes deux particulières, comme si l'on
disait : « Quelque homme est malheureux : or
quelque homme est sage : donc quelque sage est
malheureux » : car de ce que la qualité de sage et
celle de malheureux peuvent, chacune de leur
côté, coïncider avec celle d'homme, il ne résulte
pas que ces deux coïncidences puissent elles-
mêmes coïncider, ni par conséquent que la qualité
de malheureux puisse coïncider avec celle de sage.
Mais l'une des prémisses peut être universelle et
l'autre particulière, celle-ci jouant le rôle de majeure et celle-là le rôle de mineure, ou inversement :
c'est bien raisonner, par exemple, que de dire :
« Quelque homme est malheureux : or tout homme
est raisonnable : donc un être raisonnable peut

être malheureux » ; ou de dire : « Tout sage est heureux : or quelque sage est pauvre : donc on peut être à la fois pauvre et heureux » : car l'homme quelconque dont on dit qu'il est raisonnable enveloppe en quelque sorte dans sa généralité l'homme possible dont on dit qu'il est malheureux, et le sage possible dont on dit qu'il est pauvre n'est également qu'une spécification du sage quelconque dont on dit qu'il est heureux. Tout compte fait, et en tenant compte de l'échange des rôles qui peut avoir lieu dans les prémisses, soit entre une universelle et une particulière, soit entre une collective déterminée et une collective indéterminée, le nombre des cas possibles, au seul point de vue de la quantité, est de sept ; et comme la majeure, dans chacun de ces cas, peut être affirmative ou négative, le nombre total des modes de la troisième figure est de quatorze. L'assimilation des singulières aux universelles en supprime deux ; la confusion des collectives déterminées avec les universelles et des collectives indéterminées avec les particulières, en fait disparaître six autres : restent les six de la logique traditionnelle.

Il y a donc bien trois figures du syllogisme, dont l'une, la première, est essentiellement et dans tous ses modes preuve de vérité, et dont les deux autres sont essentiellement et exclusivement preuves de fausseté. La seconde prouve la faus-

seté d'un prétendu fait, ou ce qui revient au même,
d'une proposition affirmative ; la troisième prouve
la fausseté d'un prétendu droit, ou ce qui revient
au même, d'une proposition universelle. Et comme
la majeure, dans la première figure, est toujours
un énoncé de droit, ou une proposition universelle,
et la mineure, un énoncé de fait, ou une proposition affirmative, on peut dire que le syllogisme
de la seconde figure et celui de la troisième ont
pour fonction spéciale de renverser, celui-ci la
majeure, et celui-là la mineure du syllogisme de
la première [1].

1. J'espère avoir dépassé, dans la présente étude, le point de vue
auquel je m'étais placé dans la précédente, en établissant que la
seconde et la troisième figure du syllogisme ne sont pas seulement
indépendantes de la première, mais qu'elles en sont en quelque
sorte antagonistes, étant toutes deux essentiellement négatives, et
destinées à renverser, dans un syllogisme de la première, celle-ci
la majeure, et celle-là la mineure.

# III

## VÉRIFICATION, SUR UN CAS PARTICULIER,

### DE LA THÉORIE PRÉCÉDENTE

Aristote [1], et après lui Leibniz [2], ont fait voir qu'un syllogisme de la première figure peut toujours se transformer en deux autres, l'un de la seconde, l'autre de la troisième, concluant à la négation, celui-ci, de sa majeure, et celui-là, de sa mineure. Remplacez, dans un syllogisme de la première figure, la mineure par la contradictoire de la conclusion, et vous démontrerez, dans la seconde figure, la contradictoire de la mineure. Remplacez, dans ce même syllogisme, la majeure par la contradictoire de la conclusion, et vous démontrerez, dans la troisième figure, la contradictoire de la majeure. Or il est facile de voir qu'il n'y a là qu'un cas particulier de la relation

1. *Analyt. prior.*, liv. II, ch. VIII.
2. *Nouveaux essais,* liv. IV, ch. II, § 1 ; *Opuscules et fragments inédits*, publiés par M. Couturat, p. 413, sq..

générale que j'ai essayé d'établir entre les syllogismes des deux dernières figures et celui de la
première.

Soit, dans la première figure, le double syllogisme : « Tout sage est content », ou « Nul sage
n'est triste : or Pierre est sage : donc Pierre est
content », ou « Pierre n'est pas triste ». Supposons qu'il s'agisse de prouver la fausseté de la
mineure « or Pierre est sage ». Nous devons
pour cela raisonner dans la seconde figure et
prendre pour moyen terme une manière d'être
qui d'une part, soit impliquée, ou exclue, par celle
de sage, et qui de l'autre, manque à Pierre, ou
existe au contraire en lui. Mais nous n'avons pas
besoin de chercher bien loin cette manière
d'être : car le syllogisme auquel nous avons affaire
pose en principe que la qualité de sage implique
celle de content, ou exclut celle de triste. Nous
n'avons donc qu'à partir à notre tour de ce même
principe : seulement, au lieu de constater que
Pierre est sage et d'en conclure qu'il est content,
ou qu'il n'est pas triste, nous constaterons qu'il
n'est pas content, ou qu'il est triste, et nous en
conclurons qu'il n'est pas sage. Nous ferons donc
précisément ce que nous venons de dire : de la
négation de la conclusion primitive, nous conclurons, en vertu de la même majeure, à la négation
de la mineure primitive. Dans le syllogisme ainsi
transformé, le petit terme ne change pas de rôle ;

nous faisons seulement, du grand, le moyen, et du moyen, le grand.

Soit, sous sa double forme, le même syllogisme de la première figure, et supposons qu'il s'agisse de prouver la fausseté, au point de vue du droit, soit de la majeure affirmative « Tout sage est content », soit de la majeure négative « Nul sage n'est triste ». Nous devons pour cela raisonner dans la troisième figure et prendre pour moyen terme, non plus une manière d'être, mais un être, qui d'une part, soit sage, et qui de l'autre, ne soit pas content, ou soit triste. Mais le syllogisme donné nous apprend, dans sa mineure, que Pierre est sage. Nous n'avons donc qu'à nous approprier cette mineure, et à y joindre une majeure qui constate que ce même Pierre n'est pas content, ou qu'il est triste ; et la conclusion sera que la qualité de sage n'implique pas celle de content, ou qu'elle n'exclut pas celle de triste. Mais cette nouvelle majeure est précisément la contradictoire de la conclusion primitive, et cette nouvelle conclusion, la contradictoire de la majeure primitive. C'est donc bien ici encore le syllogisme donné qui s'est retourné contre lui-même, mais en prenant, cette fois, son point d'appui dans sa mineure. Le grand terme, dans cette nouvelle transformation, n'a pas changé de rôle ; c'est le petit qui est devenu le moyen, et le moyen est devenu le petit.

Mais ce qui est vrai de la première figure ne

l'est pas moins des deux autres. Aristote et Leibniz[1] ont fait voir qu'il n'y a pas non plus dans celles-ci de syllogisme qui ne puisse se retourner, soit contre sa majeure, soit contre sa mineure, en passant, soit de l'une de ces figures à l'autre, soit de l'une ou de l'autre à la première. Il suffit dans tous les cas, pour renverser l'une des prémisses, de combiner l'autre avec la contradictoire de la conclusion. Faut-il en conclure que les deux dernières figures ne sont pas plus essentiellement négatives de la première que celle-ci ne l'est d'elles, ou qu'elles ne le sont l'une de l'autre?

Soit d'abord, dans la seconde figure, le syllogisme que nous venons de construire : « Tout sage est content », ou « Nul sage n'est triste : or Pierre n'est pas content », ou « Pierre est triste : donc Pierre n'est pas sage ». On se propose d'en renverser la mineure. Il faut pour cela conserver la majeure, et prendre pour mineure la contradictoire de la conclusion. On dira donc : « Tout sage est content », ou « Nul sage n'est triste : or Pierre est sage : donc Pierre est content », ou « Pierre n'est pas triste ». Ce syllogisme est de la première figure. Mais c'est celui même dont nous étions partis, et contre lequel nous avions dirigé celui de la seconde. Nous avions, pour construire celui-ci, pris pour mineure la négation de la con-

---

1. Aristote, *ib.*, ch. ix et x ; Leibniz, *Opuscules et fragments inédits*, p. 414.

clusion, et conclu à la négation de la mineure. En prenant maintenant pour mineure la négation de cette nouvelle conclusion, nous ne faisons que rétablir notre mineure primitive; et en concluant à la négation de la mineure du second syllogisme, nous ne faisons qu'énoncer une seconde fois la conclusion du premier. On ne peut donc pas dire que le syllogisme de la première figure joue, à l'égard de celui de la seconde, un rôle négatif : car il ne nie en lui que les négations dont il a été lui-même l'objet.

Soit ensuite, dans la troisième figure, le syllogisme que nous avons aussi construit tout à l'heure : « Pierre n'est pas content », ou « Pierre est triste : or Pierre est sage : donc il est possible qu'un sage ne soit pas content », ou « qu'un sage soit triste ». On nous demande d'en renverser la majeure. Nous devons pour cela conserver la mineure et prendre pour majeure la contradictoire de la conclusion. Nous dirons : « Tout sage est content », ou « Nul sage n'est triste : or Pierre est sage : donc Pierre est content », ou « Pierre n'est pas triste ». Nous raisonnons encore une fois dans la première figure. Mais nous revenons aussi encore une fois au syllogisme dont nous étions partis, et contre lequel nous avions dirigé celui de la troisième. Nous avons, pour construire celui-ci, conclu, dans celui de la première, de la négation de la conclusion à la négation de la majeure. Nous concluons maintenant, dans celui de la troisième, de la négation d'une conclusion qui est elle-même la négation de notre majeure primitive, à la négation d'une majeure qui n'est autre chose que la négation de notre conclusion primitive. Nous ne faisons donc par là que rétablir notre première majeure et notre première conclusion. Le syllogisme de la première figure joue donc, ici encore, un rôle essentiellement positif, et le rôle négatif appartient exclusivement à celui de la troisième.

Soit de nouveau le syllogisme de la seconde figure : « Tout sage est content », ou « Nul sage n'est triste : or Pierre n'est pas content », ou « Pierre est triste : donc Pierre n'est pas sage ». Supposons maintenant qu'il s'agisse d'en renverser, non plus la mineure, mais la majeure. Nous devons, d'après la règle générale, combiner la mineure avec la contradictoire de la conclusion : mais nous devons aussi, pour suivre Aristote et Leibniz, élever cette mineure au rang de majeure, et nous faire, de la contradictoire de la conclusion, une nouvelle mineure. Nous devons dire : « Pierre n'est pas content », ou « Pierre est triste (c'est là mineure qui devient majeure) : or Pierre est sage (c'est la contradictoire de la conclusion, que nous prenons pour mineure) : donc il est possible qu'un sage ne soit pas content », ou « qu'un sage soit triste ». Ce syllogisme est de la troisième figure. Mais c'est celui même qui nous a déjà

servi à renverser la majeure de notre syllogisme
de la première. Comment se fait-il que le renversement de la majeure ait lieu, dans un syllogisme
de la seconde figure, par la même opération que
dans un syllogisme de la première? Parce que
cette opération porte en réalité sur celui de la
première, dont celui de la seconde n'est qu'une
transformation. La majeure qu'il s'agit de renverser est la même dans l'un et dans l'autre. La
double proposition « Pierre n'est pas content »,
ou « Pierre est triste », que nous élevons au rang
de majeure, ne jouait, dans le syllogisme de la
seconde figure, le rôle de mineure, que parce
qu'elle niait la conclusion de celui de la première : c'est donc en réalité la contradictoire
de la conclusion du syllogisme de la première
figure, que nous prenons, dans celui de la troisième, comme nous avons déjà fait, pour majeure.
La proposition « Pierre est sage », contradictoire
de la conclusion de notre syllogisme de la seconde figure, a commencé par être la mineure de
notre syllogisme de la première ; et c'est pour
cela que nous la prenons maintenant encore,
dans celui de la troisième, pour mineure. C'est
donc bien dans notre syllogisme de la première
figure que nous renversons encore une fois la
majeure au moyen de la mineure et de la contradictoire de la conclusion. Le syllogisme de la
troisième figure ne s'oppose donc directement et

naturellement qu'à celui de la première, et ce n'est qu'indirectement, et en quelque sorte à travers celui de la première, que nous avons pu l'opposer à celui de la seconde.

Soit enfin, pour la seconde fois, le syllogisme de la troisième figure : « Pierre n'est pas content », ou « Pierre est triste : or Pierre est sage : donc il est possible qu'un sage ne soit pas content », ou « qu'un sage soit triste ». On nous demande d'en renverser, non plus la majeure, mais la mineure. Nous devons, suivant la règle générale, combiner la majeure avec la contradictoire de la conclusion : mais nous devons en même temps, selon Aristote et Leibniz, faire descendre cette majeure au rang de mineure, et prendre la contradictoire de la conclusion, non pour mineure, mais pour majeure. Nous le ferons en disant : « Tout sage est content », ou « Nul sage n'est triste (c'est la contradictoire de la conclusion, dont nous faisons une majeure) : or Pierre n'est pas content », ou « Pierre est triste (c'est la majeure descendue au rang de mineure) : donc Pierre n'est pas sage ». Ce syllogisme est de la seconde figure, et c'est celui même dont nous nous sommes servis pour renverser la mineure de notre syllogisme de là première. Rien d'étonnant à cela, puisque c'est sur le syllogisme de la première figure que porte en réalité l'opération qui semble porter sur celui de la troisième. La mineure qu'il s'agit de ren-

verser dans celui-ci est celle même que nous
avons déjà renversée dans celui-là. La proposition « Tout sage est content », ou « Nul sage
n'est triste », contradictoire de la conclusion du
syllogisme de la troisième figure, a commencé
par être la majeure du syllogisme de la première,
et c'est en cette qualité qu'elle figure de nouveau,
comme majeure, dans celui de la seconde. La
majeure du syllogisme de la troisième figure,
« Pierre n'est pas content », ou « Pierre est
triste », n'est autre chose que la contradictoire de
la conclusion du syllogisme de la première ; et
c'est à ce titre que nous la prenons encore une
fois, dans celui de la seconde, pour mineure. C'est
donc bien en réalité dans le syllogisme de la
première figure que nous renversons, comme
nous avions déjà fait, la mineure, au moyen de la
majeure et de la contradictoire de la conclusion.
La seconde figure n'est donc pas plus négative par
elle-même de la troisième que la troisième ne
l'est par elle-même de la seconde ; elles ne s'opposent directement l'une et l'autre qu'à la première, et ce n'est que par l'intermédiaire de celle-ci
qu'elles deviennent négatives l'une de l'autre.

Ainsi, dans ces oppositions de syllogismes, celui
de la première figure conserve toujours son caractère positif, tandis que ceux des deux autres jouent
à l'égard de celui-là, et de celui-là seul, un rôle
négatif, consistant, pour celui de la seconde, à en

renverser la mineure, et pour celui de la troisième, à en renverser la majeure. Il n'y a donc rien là que de conforme au rapport général établi plus haut, entre la première figure d'une part, et les deux dernières de l'autre.

Je voudrais, avant de finir, suivre dans toutes ses applications le principe posé par Aristote et Leibniz, c'est-à-dire montrer dans quel syllogisme, soit de la seconde, soit de la troisième figure, se transforme, en se retournant contre l'une ou l'autre de ses prémisses, un syllogisme donné de la première. Et comme les modes des deux dernières figures, issus de chaque mode de la première, se transforment à leur tour, soit l'un dans l'autre, soit dans celui dont ils sont issus, j'aurai fait voir par cela même quels sont, pour un mode donné de chacune des trois figures, les modes correspondants des deux autres. Dans l'intérêt de la brièveté, qui sera peut-être aussi celui de la clarté, je me contenterai d'un tableau, composé lui-même de simples schèmes : je représenterai par les lettres, S, M et P, respectivement, le petit terme (sujet de la conclusion), le moyen, et le grand (prédicat de la conclusion) d'un syllogisme de la première figure, ces trois lettres devant naturellement changer de place et de rôle dans le passage de cette figure aux deux autres. Une lettre sans accompagnement, comme « S », représentera le sujet d'une proposition singulière ; des expressions

comme « tous les S, aucun des S, quelques S »,
pour les collectives, et « tout S, nul S, quelque S »,
pour les universelles et les particulières, s'entendront assez d'elles-mêmes. Enfin je formerai deux
groupes, composés, l'un, des modes qui, dans la
première figure, concluent affirmativement, l'autre,
de ceux dont la conclusion, dans cette même
figure, est négative, et j'irai toujours, dans chacun
de ces groupes, d'un mode de la première figure
à ceux de la seconde et de la troisième qui en
sont la transformation ; il suffira d'intervertir cet
ordre pour trouver, à partir d'un mode donné de
l'une de ces dernières, ceux des deux autres dans
lesquels il se transforme à son tour.

## Premier groupe

### Premier mode

Iᵣₑ Figure. — Tout M est P : or S est M : donc S
est P.

IIᵉ Figure. — Tout M est P : or S n'est pas P :
donc S n'est pas M.

IIIᵉ Figure. — S n'est pas P : or S est M : donc
quelque M n'est pas P.

### Deuxième mode

Iᵣₑ Figure. — Tout M est P : or tous les S sont M :
donc tous les S sont P.

II<sup>e</sup> FIGURE. — Tout M est P : or quelques S ne sont pas P : donc quelques S ne sont pas M.

III<sup>e</sup> FIGURE. —Quelques S ne sont pas P : or tous les S sont M : donc quelque M n'est pas P.

### Troisième mode

I<sup>re</sup> FIGURE. — Tout M est P : or quelques S sont M : donc quelques S sont P.

II<sup>e</sup> FIGURE. — Tout M est P : or aucun des S n'est P : donc aucun des S n'est M.

III<sup>e</sup> FIGURE. —Aucun des S n'est P : or quelques S sont M : donc quelque M n'est pas P.

### Quatrième mode

I<sup>re</sup> FIGURE. — Tout M est P : or tout S est M : donc tout S est P.

II<sup>e</sup> FIGURE. — Tout M est P : or quelque S n'est pas P : donc quelque S n'est pas M.

III<sup>e</sup> FIGURE. —Quelque S n'est pas P : or tout S est M : donc quelque M n'est pas P.

### Cinquième mode

I<sup>re</sup> FIGURE. — Tout M est P : or quelque S est M : donc quelque S est P.

II<sup>e</sup> FIGURE. — Tout M est P : or nul S n'est P : donc nul S n'est M.

III⁰ FIGURE. — Nul S n'est P : or quelque S est
M : donc quelque M n'est pas P.

## DEUXIÈME GROUPE

### *Premier mode*

Iʳᵉ FIGURE. — Nul M n'est P : or S est M : donc
S n'est pas P.

IIᵉ FIGURE. — Nul M n'est P : or S est P : donc
S n'est pas M.

III⁰ FIGURE. — S est P : or S est M : donc quelque M est P.

### *Deuxième mode*

Iʳᵉ FIGURE. — Nul M n'est P : or tous les S sont
M : donc aucun des S n'est P.

Ifᵉ FIGURE. — Nul M n'est P : or quelques S sont
P : donc quelques S ne sont pas M.

III⁰ FIGURE. — Quelques S sont P : or tous les
S sont M : donc quelque M
est P.

### *Troisième mode*

Iʳᵉ FIGURE. — Nul M n'est P : or quelques S sont
M : donc quelques S ne sont
pas P.

IIᵉ FIGURE. — Nul M n'est P : or tous les S
sont P : donc aucun des S
n'est M.

IIIᵉ Fɪɢᴜʀᴇ. — Tout les S sont P : or quelques
            S M : sont donc quelque M
            est P.

### Quatrième mode

Iʳᵉ Fɪɢᴜʀᴇ. — Nul M n'est P : or tout S est M :
            donc nul S n'est P.
IIᵉ Fɪɢᴜʀᴇ. — Nul M n'est P : or quelque S est
            P : donc quelque S n'est pas M.
IIIᵉ Fɪɢᴜʀᴇ. — Quelque S est P : or tout S est
            M : donc quelque M est P.

### Cinquième mode

Iʳᵉ Fɪɢᴜʀᴇ. — Nul M n'est P : or quelque S est
            M : donc quelque S n'est pas P.
IIᵉ Fɪɢᴜʀᴇ. — Nul M n'est P : or tout S est P :
            donc nul S n'est M.
IIIᵉ Fɪɢᴜʀᴇ. — Tout S est P : or quelque S est
            M : donc quelque M est P.

On voit, qu'entre les deux premières figures, la
correspondance est complète, chaque mode de la
première donnant naissance à l'un des modes de
la seconde, et réciproquement. Il y a aussi correspondance entre ces deux figures et la troisième,
mais pour dix seulement des modes de cette
dernière ; les quatre autres ne figurent pas dans
le tableau qui précède, et ne peuvent en effet, ni
naître d'aucun de ceux qu'il contient, ni donner

régulièrement naissance à aucun d'eux : ce sont
ceux dans lesquels, la majeure étant, soit affirmative, soit négative, les prémisses sont toutes deux
universelles, ou toutes deux collectives déterminées. On peut, dans ces modes comme dans les
autres, renverser l'une des prémisses en combi-
nant l'autre avec la contradictoire de la conclusion : mais il arrive alors de deux choses l'une :
ou, avec Aristote, on laisse le syllogisme ainsi
construit aboutir à sa conclusion naturelle, et cette
conclusion n'est pas la contradictoire, mais la
*contraire* de la prémisse renversée ; ou si l'on
tient, avec Leibniz, à ce qu'elle en soit la contradictoire, elle n'est plus la conclusion normale et
directe du syllogisme de la première ou de la
seconde figure : elle en est la conclusion *subalterne*, c'est-à-dire qu'elle est particulière, là où
elle aurait dû être universelle, et collective indéterminée, là où elle aurait dû être collective déterminée. Il y a en effet dans ces quatre modes
quelque chose de surabondant, en ce sens que
les prémisses y contiennent *plus* que n'exige la
conclusion (puisque cette même conclusion aurait
pu résulter d'une universelle et d'une particulière,
ou d'une collective déterminée et d'une collective
indéterminée) : ils doivent donc avoir pour contrepartie, dans les deux premières figures, des
modes également surabondants, et tels sont précisément les modes subalternes, en ce sens que

l'on y conclut *moins* que les prémisses n'autorisent
à conclure. Si l'on croit devoir leur donner cette
contrepartie, on enrichira la première figure de
quatre modes, et la seconde d'autant, de sorte que
chacune d'elles en aura quatorze, comme la troisième. La correspondance des trois figures sera
alors complète, les modes subalternes des deux
premières donnant naissance aux modes surabondants de la troisième, dont ils naîtront à leur tour,
et se transformant eux-mêmes les uns dans les
autres, dans le passage de la première figure à la
seconde et de la seconde à la première. Voici,
dans un nouveau tableau, ou plutôt dans une suite
du précédent, ces modes complémentaires, et
avec eux, les modes correspondants de la troisième figure :

### Premier groupe

#### Sixième mode

Iʳᵉ Figure. — Tout M est P : or tous les S sont
       M : donc quelques S sont P.
IIᵉ Figure.—Tout M est P : or aucun des S n'est P :
       donc quelques S ne sont pas M.
IIIᵉ Figure. — Aucun des S n'est P : or tous les S
       sont M : donc quelque M n'est pas P.

#### Septième mode

Iʳᵉ Figure. — Tout M est P : or tout S est M :
       donc quelque S est P.

IIᵉ Figure. — Tout M est P : or nul S n'est P :
  donc quelque S n'est pas M.

IIIᵉ Figure. — Nul S n'est P : or tout S est M :
  donc quelque M n'est pas P.

## Deuxième groupe

### Sixième mode

Iʳᵉ Figure. — Nul M n'est P : or tous les S
  sont M : donc quelques S ne
  sont pas P.

IIᵉ Figure. — Nul M n'est P : or tous les S sont
  P : donc quelques S ne sont
  pas M.

IIIᵉ Figure. — Tous les S sont P : or tous les S
  sont M : donc quelque M est P.

### Septième mode

ʳᵉ Fig ure. — Nul M n'est P : or tout S est
  M : donc quelque S n'est pas P.

IIᵉ Figure. — Nul M n'est P : or tout S est P :
  donc quelque S n'est pas M.

IIIᵉ Figure. — Tout S est P : or tout S est M :
  donc quelque M est P.

Je me demande cependant si ce n'est pas là
acheter trop cher l'entière correspondance des
trois figures, et s'il ne serait pas plus sage, en
tout état de cause, d'y renoncer. On ne peut en

effet l'établir que de deux manières : il faut, ou
porter partout le nombre des modes à quatorze,
en subalternant quatre fois, dans chacune des
deux premières figures, une conclusion universelle ou collective déterminée ; ou le réduire partout à dix, en substituant quatre fois, dans la troisième, à une prémisse de l'une ou de l'autre sorte,
sa propre subalterne. Or il semble qu'il y ait toujours dans cette opération quelque chose d'ar-
bitraire, de violent, et presque d'illégitime. Sans
doute ce qui est vrai de tous est vrai de quelques-
uns, et ce qui est nécessaire est, à plus forte raison, possible : pourquoi cependant détacher au
hasard quelques êtres du groupe dont ils font
partie, et affirmer de ceux-là plutôt que des autres
ce qu'on sait être également vrai de tous ? pourquoi surtout feindre d'ignorer le véritable rapport qui unit une manière d'être à un être, et parler de ce qui est essentiel et nécessaire, comme
de ce qui serait accidentel et purement possible ?
De ce que tout animal est mortel et que tout
homme est animal, résulte-t-il qu'un homme
*doit*, ou qu'il *peut* seulement, être mortel ? Si l'on
veut prouver par l'exemple de l'homme qu'un
animal peut être raisonnable, n'y aurait-il pas
une sorte d'absurdité à affirmer, dans les prémisses,
qu'un homme est quelquefois raisonnable, étant
toujours animal, ou qu'étant toujours raisonnable,
il est quelquefois animal ? Il n'y a pas lieu de

donner plus de dix modes à chacune des deux premières figures, parce qu'il est naturel, sinon absolument nécessaire, que la conclusion suive en elles la quantité de la mineure. Il n'y a pas lieu d'en donner, à la troisième, moins de quatorze, parce que le fait qui, dans cette figure, constitue la preuve, peut être celui d'un groupe marqué tout entier de deux caractères, ou celui d'un genre auquel deux propriétés sont également essentielles, et que nous devons prendre ce fait comme il est, sans nous inquiéter de savoir si le syllogisme dont il nous fournit les prémisses a, ou n'a pas, sa contrepartie dans les deux autres figures. La symétrie et la correspondance des parties d'un tout logique ne sont pas assurément à dédaigner : mais elles valent surtout comme signes de vérité, et ne doivent par conséquent rien coûter à la vérité[1].

---

1. Je tiens à déclarer en finissant que je n'attache pas grande importance à ce luxe de nouveaux modes que l'on sera peut-être tenté de me reprocher. Je crois qu'il importe beaucoup de ne pas assimiler une proposition singulière à une universelle, et surtout de ne pas prendre une collective déterminée pour une universelle, lorsqu'il s'agit de donner une majeure à un syllogisme de la première ou de la seconde figure ; je crois aussi que la conclusion d'un syllogisme de la troisième doit toujours être une particulière, et non une collective indéterminée. Mais, je reconnais bien volontiers que dans les prémisses d'un syllogisme de la troisième, comme aussi dans la mineure et la conclusion d'un syllogisme de la première ou de la seconde, une collective indéterminée ne se comporte pas autrement qu'une particulière, ni une singulière ou une collective déterminée, autrement qu'une universelle. On peut donc s'en tenir, pratiquement, aux modes d'Aristote.

# L'OBSERVATION DE PLATNER

L'observation dont il s'agit a été faite sur un aveugle-né, en 1785, à Leipzig, par Ernst Platner, professeur à la Faculté de médecine de cette ville. Platner était, en même temps que médecin, philosophe, et disciple, en philosophie, de Leibniz. Il a rendu compte de son observation dans une note de la première partie de ses *Philosophische Aphorismen*, éd. de 1793, à la suite du § 765, p. 440, sq.[1]. Ce compte-rendu a été traduit en anglais par W. Hamilton, dans ses *Lectures on Metaphysics*, leç. xxviii, vol. II, p. 174, sq.. J. Stuart Mill, dans son *Examination of Sir William Hamil-*

---

1. Les *Philosophische Aphorismen* sont un cours complet de philosophie en deux parties, dont la première contient la logique et la métaphysique, et la seconde, la philosophie morale. Ces deux parties, formant chacune un volume, ont toujours paru séparément : la première, trois fois, en 1776, 1784 et 1793 ; la seconde, deux seulement, en 1782 et 1800. L'édition de 1793, profondément remaniée, pour la première partie, et celle de 1800, entièrement refondue, pour la seconde, constituent en réalité un nouvel ouvrage.

*ton's Philosophy*, ch. XIII, p. 231, sqq., a reproduit le texte de Hamilton, et M. Dunan en a donné une traduction française dans son étude sur *L'espace visuel et l'espace tactile* (*Revue philosophique*, t. XXV, p. 355, sq.). On en trouvera une analyse étendue dans la *Psychologie allemande contemporaine* de M. Ribot, 2ᵉ éd., p. 113, sq,, et un court extrait dans les *Principles of Psychology* de M. W. James, ch. xx, vol. II, p. 208. Voici le passage entier de Platner, directement traduit de l'original :

« Pour ce qui est de l'idée que nous pourrions, sans le secours de la vue, nous faire de l'espace ou de l'étendue (§ f, p. 181, sqq. [1]), l'observation méthodique d'un aveugle-né, que j'ai entreprise depuis (en 1785), en m'attachant spécialement aux points controversés, et que j'ai continuée pendant trois semaines entières, m'a de nouveau convaincu que le tact réduit à lui-même ignore entièrement tout ce qui a rapport à l'étendue et à l'espace, qu'il ne sait ce que c'est, pour une chose, que d'être localement hors d'une autre, et pour tout dire en un mot, que l'homme privé de la vue ne perçoit absolument rien du monde extérieur, si ce

---

1. Platner avait déjà soutenu l'origine visuelle de l'idée d'étendue dans son édition de 1784,§ 894, sqq., p. 299, sqq.. Schulz avait combattu cette thèse, au nom de l'apriorisme kantien, dans sa *Prüfung der Kantischen Kritik der reinen Vernunft*, 1ʳᵉ partie, p. 176, sqq.. C'est cet ouvrage que cite ici Platner. L'argumentation de Schulz contre lui est divisée en articles ou paragraphes (*Nummern*), distingués par les lettres *a, b, c, d, e, f.*

n'est l'existence d'un principe actif, distinct du sujet sentant sur lequel il agit, et avec cette existence, celle d'une simple pluralité — dirai-je de choses, ou d'impressions ? (Je me rencontre ici avec M. Tiedemann, *Sur la nature de la métaphysique*, dans le 1ᵉʳ fascicule des Mémoires de Hesse, p. 119[1].) En réalité, c'est le temps qui fait, pour l'aveugle-né, fonction d'espace. Eloignement et proximité ne signifient pour lui que le temps plus ou moins long, le nombre plus ou moins grand d'intermédiaires, dont il a besoin pour passer d'une sensation tactile à une autre. L'aveugle-né parle la langue du voyant, ce qui est très propre à nous tromper et m'a trompé moi-même au début de mon enquête : mais en réalité il n'a aucune notion de choses extérieures les unes aux autres ; et (mon observation sur ce point m'a paru décisive) si les objets et les parties de son corps qui entrent en contact avec eux ne faisaient pas sur ses nerfs tactiles des impressions d'espèce différente, il prendrait tout ce qui est hors de lui pour une seule chose qui exerce sur lui des actions successives, une plus forte, par exemple, lorsqu'il applique sa main sur

1. Les *Hessische Beiträge zur Gelehrsamkeit und Kunst* étaient un recueil trimestriel de travaux, pour la plupart originaux. L'article de Tiedemann : *Ueber die Natur der Metaphysik; zur Prüfung von Hrn Professor Kants Grundsätzen*, commence dans le 1ᵉʳ fascicule (de l'année 1785 et de toute la collection, p. 113, sqq.) et se continue dans les deux suivants (p. 233, sqq., et 464, sqq.). Mais la pensée de Tiedemann, dans le passage cité, me paraît au fond très différente de celle de Platner.

une surface que lorsqu'il n'y pose qu'un doigt, une plus faible lorsque sa main effleure une surface ou lorsque ses pieds la parcourent[1]. Si dans son propre corps, il distingue une tête et des pieds, ce n'est pas du tout en vertu de la distance qui sépare ces deux parties ; c'est uniquement par les sensations tactiles qui lui viennent de l'une et de l'autre, et dont il apprécie les différences avec une finesse incroyable ; c'est aussi à l'aide du temps[2]. Il en est de même des corps étrangers, dont les figures ne se distinguent pour lui que par le genre d'impressions tactiles qu'elles produisent, le cube par exemple, avec ses angles et ses arêtes, affectant le sens du tact autrement que la sphère. »

De ce témoignage de Platner, confirmé, au dire de M. Dunan, par celui d'observateurs plus récents et non moins compétents, se dégagent, ce me semble, les deux thèses suivantes :

1° L'étendue est un phénomène purement visuel, dont le tact, réduit à lui-même, ne nous donnerait aucune idée.

2° L'exercice du tact nous apprend, d'une manière générale, qu'il y a quelque chose hors de nous ; et les différences qualitatives de nos sensa-

---

1. Hamilton n'a pas traduit la fin de cette phrase, peut-être parce qu'il n'en était pas satisfait. J'ai suivi le texte tel qu'il est : mais j'étais bien tenté de lire, *als* ou *denn* (au lieu de *oder*) *bei dem Schreiten der Füsse*, ce qui aurait donné, en français, *que* (au lieu de *ou*) *lorsque ses pieds la parcourent*.

2. C'est-à-dire : du temps dont il a besoin pour passer tactilement de l'une à l'autre.

tions tactiles nous permettent de distinguer, dans ce quelque chose, autant de détails que nous en percevons par la vue.

Je voudrais essayer de défendre ces deux thèses, non sans leur avoir donné auparavant ce qui me paraît en être un complément nécessaire. Il n'est question, chez Platner, que du tact : il n'est pas question, au moins expressément, du sentiment spécial de l'effort et de la résistance. Il est certain cependant qu'il n'a pas ignoré ce sentiment, quoiqu'il ne l'ait pas assez distingué du tact proprement dit : car ces différences d'intensité que nous pourrions, suivant lui, remarquer entre des sensations tactiles homogènes, ne sont autre chose que des degrés inégaux de résistance. Ce qu'il a encore moins distingué, c'est la résistance des corps étrangers et celle que nos propres organes opposent à notre effort moteur ; et ce qu'il a peut-être tout à fait ignoré, ce sont ces sensations, appelées aujourd'hui kinesthésiques, qui accompagnent le jeu de nos organes de mouvement, et nous permettent de distinguer du dedans, avant toute intuition spatiale, un de nos mouvements d'un autre. Dans ce que Platner appelait, d'un terme trop général, la sensation tactile, il y a lieu de distinguer aujourd'hui quatre éléments : 1° La résistance externe, impliquée dans les qualités tactiles proprement dites, et cependant distincte de ces qualités ; 2° Les qualités tactiles, et en par

ticulier les innombrables nuances du rude et du
poli, qui se détachent en quelque sorte sur le fond
commun de la résistance externe ; 3° La résistance
interne, organique et principalement musculaire ;
4° Les différentes formes de la sensation musculaire, ou en général kinesthésique, qui sont à la
résistance interne ce que les qualités tactiles sont
à la résistance étrangère. Par suite, les deux thèses
de Platner doivent, pour répondre entièrement
à son intention, prendre aujourd'hui les formes
suivantes :

1° L'étendue est un phénomène purement visuel,
dont aucune résistance organique ou étrangère,
aucune sensation tactile ou kinesthésique, ne peut
nous donner la moindre idée.

2° Le sentiment d'une résistance, quelle qu'elle
soit, nous apprend qu'il y a quelque chose hors
de nous; la sensation kinesthésique, jointe au
sentiment de la résistance interne, nous donne
une connaissance immédiate de nos différents organes de mouvement et des divers mouvements de
chacun d'eux ; la sensation tactile, jointe au sentiment de la résistance externe, nous permet de
distinguer dans les corps étrangers (et dans le
nôtre considéré extérieurement) autant de détails
que nous en percevons par la vue.

Quand nous disons avec Platner que le tact, ou
plutôt le sentiment de la résistance, nous apprend
qu'il y a quelque chose hors de nous, nous ne vou-

lons pas parler de quelque chose qui nous soit localement extérieur. Ce serait aller contre la pensée de notre auteur, suivant laquelle le tact ne sait ce que c'est que lieu et qu'extériorité locale. Mais il s'agit pour nous, et il s'agissait sans doute aussi pour lui, de tout autre chose. Je veux passer d'un état de conscience à un autre, et je trouve, au sein même de ma conscience, un obstacle, un principe d'inertie et de retardement, comme disait Leibniz[1], dont ma volonté ne peut triompher que par degrés, et par ce redoublement d'intensité qui la convertit en effort. Cet obstacle pourra plus tard, et grâce, selon Platner, à l'intervention de la vue, m'apparaître sous la forme d'un corps, ou de plusieurs corps situés les uns hors des autres : mais tel qu'il m'est donné primitivement et par le sentiment même que j'ai de mon effort, il n'a, comme ce dernier, ni figure, ni étendue, et ne peut avoir avec lui aucun rapport de situation. Mettre ici l'effort, et là la résistance, c'est d'ailleurs détruire l'idée même que nous avons de l'un et de l'autre, puisque la résistance n'a lieu que là où s'exerce l'effort, et que l'effort lui-même n'existe que dans son conflit avec la résistance. — Mais alors, demandera-t-on, en quel sens pouvons-nous dire que ce qui nous résiste est hors de nous ? — En ce sens qu'il em-

1. *Théod.*, § 30. — Cf. *ad R. P. Desbosses*, éd. Gerhardt, t. **II**, p. 206. 1. 7, sqq., et *Monad.*, § 15.

pêche ou retarde l'accomplissement de notre
volonté, et que, si notre volonté est à nos yeux
notre réalité même, ce qui s'oppose à elle doit
nécessairement nous apparaître comme une autre
réalité, antagoniste en quelque sorte de la nôtre.
Il semble même que la résistance seule possède
ce caractère singulier, et en apparence contradictoire, d'être à la fois donnée en nous et réellement
extérieure à nous. Nos états affectifs, besoins,
désirs, émotions et sensations de toute sorte, ne
sont évidemment en nous qu'à titre de modifica-
tions de nous-mêmes. — Mais l'étendue, dira-t-on
peut-être, non l'étendue de tel corps, mais l'étendue totale, ou si on l'aime mieux, l'espace n'est-
il pas dans notre conscience comme quelque chose
qui nous est extérieur? — Cela est vrai, et l'on peut
presque dire que l'étendue nous est plus extérieure que la résistance, en ce sens que celle-ci
n'est pour nous que la contrepartie de notre
effort, tandis que l'étendue se pose d'elle-même
en face de nous, et en dehors de toute relation
dynamique avec nous. Mais précisément parce
qu'elle n'agit pas plus sur nous que nous n'agis-
sons sur elle, parce que nous ne sentons rien en
elle d'opposé, ni par suite d'analogue à notre
volonté, nous n'y trouvons rien qui réponde à
ce qui est pour nous le type unique du réel. Ce
qui nous résiste est hors de nous, comme une réalité est hors d'une autre, ou plutôt comme s'oppo-

sent, au sein d'une seule et même réalité, un élément positif et un élément négatif; ce qui est étendu, s'il n'est qu'étendu, est hors de nous, comme l'apparence est hors de la réalité.

Mais dans cette résistance immanente, et par conséquent unique en elle-même, quoiqu'elle n'agisse pas toujours en nous, comme le remarquait Platner, avec la même intensité, comment pouvons-nous distinguer (ce qu'il n'a pas fait du reste) une résistance organique et une résistance étrangère? En tenant compte, précisément, de ces différences d'intensité, et en y joignant la considération des sensations tactiles ou kinesthésiques qui accompagnent en nous le sentiment de la résistance. J'étends un certain nombre de fois mon bras dans le vide, et j'ai conscience chaque fois de la faible résistance qui provient de mon bras lui-même. J'entreprends de soulever ou de déplacer différents corps, et j'éprouve une résistance toujours plus ou moins accrue, quelquefois très forte, quelquefois insurmontable. Je n'ai pas le droit de conclure de là que j'ai un bras et qu'il y a des corps distincts du mien: mais je puis du moins, parmi les différentes quantités de résistance que j'éprouve successivement, en distinguer une, médiocre, qui ne varie pas, et d'autres, plus grandes, et susceptibles au contraire d'une infinité de degrés. Mais ce n'est pas tout. Je remarque, qu'à ce *minimum* fixe de

résistance, se joignent des sensations kinesthésiques, toujours aussi à peu près les mêmes,
tandis que les résistances qui le dépassent plus ou
moins sont accompagnées de sensations tactiles,
aussi variables en qualité qu'elles le sont elles-
mêmes en quantité. Je n'ai donc pas seulement
affaire à des degrés, mais encore à des genres
de résistance. Comme les sensations kinesthésiques, associées au *minimum* fixe, sont elles-
mêmes à peu près invariables, comme elles sont,
d'autre part, reliées en moi au sentiment général
de la vie, ce *minimum* me paraît tenir à moi de
beaucoup plus près que tout le reste ; comme les
sensations tactiles qui accompagnent les excédents variables ne le sont pas moins elles-mêmes,
comme elles ont d'ailleurs en elles-mêmes (celles
du chaud et du froid mises à part) quelque chose
de superficiel, ces excédents me semblent jouer
dans ma conscience le rôle d'un élément adven-
tice et accessoire. Tout cela ne suppose aucune
intuition spatiale, il n'est question dans tout cela,
ni de lieux, ni de figures ; et c'est tout ce que
nous avons voulu dire en distinguant, dans ce qui
n'est que l'élément négatif de nous-mêmes, une
résistance organique et une résistance étrangère.

Mais est-il vrai que cette double résistance ne
puisse, ni d'elle-même, ni avec le concours de
la sensation kinesthésique ou tactile, prendre la
forme de l'étendue ? Car telle est la thèse, on peut

peut-être dire encore aujourd'hui le paradoxe de Platner, que je me suis engagé à défendre. Commençons par la résistance organique et la sensation kinesthésique qui la caractérise. Un seul sentiment de résistance, accompagné d'une seule sensation kinesthésique, peut-il nous donner l'idée de l'étendue ? Personne n'hésiterait à répondre : non, si ce sentiment n'évoquait en nous l'image visuelle de l'organe dont il procède : mais qu'y a-t-il de commun entre la forme sous laquelle cet organe apparaît à nos yeux et à ceux d'autrui, et celle sous laquelle il nous est donné intérieurement, comme terme de notre effort ? Supposons que plusieurs résistances organiques nous soient données à la fois, et faisons abstraction pour un moment des sensations kinesthésiques qui les accompagnent : je dis que ces résistances ne nous paraîtront pas même plusieurs, et qu'elles se confondront en une seule, dont l'intensité sera égale à la somme de leurs intensités particulières : car à quel signe reconnaître l'individualité, pour ainsi parler, de chacune d'elles ? Supposons enfin, ce qui est notre cas ordinaire, plusieurs résistances simultanées, distinguées par autant de sensations kinesthésiques. Je ne vois en effet aucune difficulté à admettre que nous ayons conscience au même moment de plusieurs résistances organiques, quoique notre attention ne puisse se porter que successivement sur chacune d'elles :

car il suffit qu'avec la conscience distincte de
l'une coexiste en nous la conscience confuse des
autres. Mais si l'on soutient que nous ne pouvons avoir conscience que successivement de la
résistance de nos différents organes, le cas res-
tera au fond le même : car une succession dont
les éléments sont toujours à notre disposition, et
que nous pouvons répéter ou renverser à volonté,
équivaut pour nous à une simultanéité. Mais de
ce que ces résistances coexistent actuellement ou
virtuellement dans le temps, avons-nous le droit
de conclure qu'elles soient juxtaposées ou distri-
buées d'une manière quelconque dans un espace ?
— Il faut bien, dira-t-on, pour que je les distingue,
qu'elles m'apparaissent les unes hors des autres.
— Mais elles peuvent être extérieures les unes aux
autres qualitativement, pour ainsi dire, sans l'être
pour cela localement. Nous les rapportons, en
fait, à des organes différents, c'est-à-dire que
nous associons au sentiment que nous avons de
chacune d'elles l'image visuelle de l'un de ces
organes ; et comme ces organes, sous leur forme
visuelle, sont coordonnés dans l'espace, nous ne
sommes pas éloignés de croire que nos sentiments de résistance organique se coordonnent
aussi dans une sorte d'espace intérieur. Mais il
n'y a là qu'une illusion, produite par une association d'idées ; et qu'un sentiment de résistance
occupe un lieu, qu'il soit à droite ou à gauche,

au-dessus ou au-dessous d'un autre, c'est ce qui
n'a, pour peu qu'on y réfléchisse, aucune espèce
de sens.

Un seul sentiment de résistance étrangère,
caractérisé comme tel par une seule sensation
tactile, nous donnera-t-il l'idée de l'étendue ? On
sera beaucoup plus tenté que tout à l'heure de
répondre : oui, et la raison en est simple : c'est
que nous ne touchons presque jamais un corps
étranger sans le voir, tandis que, lorsque nous
imprimons le mouvement à nos membres, nous
ne pensons même pas, le plus souvent, à leur
forme extérieure. On pourrait insister et dire que
la qualité tactile (le chaud et le froid, ici encore,
mis à part) implique l'étendue : comment en effet
concevoir le rude et le poli sans une surface,
unie, pour l'un, inégale, pour l'autre ? La réponse
serait que telle est en effet la forme visuelle du
rude et du poli, mais que telle n'en est pas nécessairement la forme tactile. Celui qui pose sa main
sur un carreau de vitre, sur un coupon de laine,
sur une lime, sur une râpe, a-t-il conscience, dans
chaque cas, d'un seul contact ou de plusieurs ? Si
c'est d'un seul, il pourra bien qualifier différemment
ces différents contacts, et trouver le premier plus
agréable que le dernier : mais le dernier pas plus
que le premier ne lui donnera par lui-même l'idée
d'une étendue. Reste le cas, que nous devions
examiner à son tour, de plusieurs contacts simul-

tanés. Je tiens mes dix doigts posés à la fois sur
une table, et grâce, soit à de petites différences
dans la texture de la table, soit à la sensibilité
spéciale de chacun de mes doigts, j'ai conscience
au même moment de dix contacts ; ou si on le préfère, je pose et lève tour à tour chacun de mes
doigts, et j'ai conscience d'autant de contacts successifs, mais qu'il ne tient qu'à moi de renouveler
à tout moment et dans un ordre quelconque. Mais
de ce que ces contacts sont actuellement ou virtuellement simultanés, s'ensuit-il qu'ils aient lieu
dans un espace ? Comment sont-ils, dans cet
espace, situés les uns par rapport aux autres ?
Sont-ils contigus, ou séparés par des intervalles ?
Sont-ils en ligne droite, ou déterminent-ils par
leur arrangement une figure, et quelle figure ?
Autant de questions qui, pour le tact aidé de la
vue, sont aussitôt résolues que posées, mais qui,
pour le tact réduit à lui-même, ne peuvent pas
même se poser. Il y a, il est vrai, un exercice
du tact dont nous n'avons pas encore parlé, et qui
semble de nature à lever ces difficultés : c'est celui
qui consiste à déplacer notre main, par un mouvement continu, sur la surface d'un corps : n'avons-
nous pas conscience en effet dans ce cas, et de
la continuité de cette surface, et d'un ordre entre
les parties qui la composent ? En ce qui concerne,
d'abord, cette continuité, elle ne peut s'établir,
sans le secours de la vue, qu'entre des sensations

tactiles, et par conséquent entre des durées, et non entre des étendues. En ce qui concerne l'ordre, il est vrai que chaque sensation tactile se place, dans notre conscience, avant ou après une autre : mais cet avant et cet après de temps, ordonnés dans un seul sens, ne peuvent nous donner aucune idée de l'avant et de l'après dans l'espace, qui rayonnent pour ainsi dire autour d'un point quelconque, dans une infinité de sens. Sans doute, les sensations kinesthésiques qui accompagnent le mouvement de ma main diffèrent selon que je la meus à droite ou à gauche, en avant ou en arrière : mais ces différences purement qualitatives ne peuvent pas me donner par elles-mêmes l'idée d'une étendue et de sens différents dans cette étendue; elles ne prennent pour moi une signification spatiale que parce que je sais déjà et d'ailleurs ce que c'est que l'espace.

Nous n'avons parlé jusqu'ici que de l'étendue en surface : un mot maintenant de l'étendue en profondeur, dont l'idée peut aussi, selon la plupart des psychologues, nous être donnée par le tact, et ne peut même, selon quelques-uns, l'être que par lui. Voici comment on peut, ce me semble, concevoir la genèse tactile de cette idée. Un objet tangible est devant moi, à quelque distance, et je désire le toucher. Je marche en conséquence vers cet objet, et j'ai conscience de mes pas successifs comme d'autant d'efforts locomoteurs et de contacts de mes pieds avec le sol. Cette série de pas, dirigée vers l'objet que je désire atteindre, me donne l'idée d'une ligne droite, perpendiculaire au côté de cet objet qui me fait face ; et cette idée est bien celle d'une étendue en profondeur. Mais il y a à cela deux difficultés. La première est que mes pas, tels qu'ils me sont donnés intérieurement, sous la double forme d'efforts et de contacts, sont inétendus et ne peuvent pas, en s'ajoutant les uns aux autres, former une étendue. On ne leur demande, il est vrai, que de s'ordonner les uns à la suite des autres dans un seul sens, de manière à former une longueur. Mais encore faudrait-il pour cela qu'ils fussent eux-mêmes des longueurs, ou que je pusse percevoir comme des longueurs les intervalles qui les séparent. Mais je ne perçois entre eux que des intervalles de temps, et je n'ai pas le droit de convertir ces intervalles de temps en intervalles d'espace. Je demande, en second lieu, en quel sens on veut que j'aie conscience de mes pas comme dirigés vers l'objet que je désire atteindre. Dirigés dans le temps, oui, et vers la sensation du contact de mes mains avec cet objet, dont me rapproche, en effet, celle de chaque effort locomoteur et de chaque contact de mes pieds avec le sol : mais dans l'espace, et vers l'objet en tant qu'étendu ? Qu'y a-t-il dans cet objet en tant que tangible, qu'y a-t-il dans la série d'efforts et de contacts par lesquels je m'achemine vers le contact final, qui puisse de soi-même prendre la forme d'une surface tournée vers moi, et d'une ligne menée perpendiculairement à cette surface? Sans doute, c'est bien l'idée d'une série d'efforts dirigés vers un but qui, en descendant pour ainsi dire du temps dans l'espace, devient pour moi celle du mouvement d'arrière en avant, et par suite celle de l'étendue en profondeur : mais il faut pour cela que, de tactile et de kinesthésique, elle devienne visuelle : il faut que je voie devant moi l'objet que je désire atteindre, et que je me voie moi-même avancer vers lui, en dépassant les objets intermédiaires.

Disons donc avec Platner, qui suivait lui-même en cela Leibniz[1], que la vue seule peut nous apprendre ce que c'est que l'étendue : l'idée qu'elle nous en donne est-elle complète, ou sommes-nous obligés de la compléter à l'aide de données étrangères, c'est ce que nous aurons bientôt à nous demander. — La vue, dit-on, est exclusivement le sens de la couleur, comme l'ouïe est exclusivement celui du son. — Sans doute : mais il peut être de l'essence de la couleur, d'être étendue et de se projeter dans l'espace, comme il est de l'essence du son musical d'avoir une hauteur. En fait, nous ne percevons pas de couleur qui n'ait une étendue :

---

1. In duobus... homines... naturam corporis collocant, in extensione et ἀντιτυπία simul sumptis : illam sumunt a visu, hanc a tactu (Leibniz, ad. Jac. Thomas., éd. Gerhardt, t. I, p. 26).

cette étendue peut, pour la même couleur, être aussi grande qu'on voudra, ou devenir tout au moins très petite : mais elle ne peut pas devenir nulle, ni même tomber au-dessous de ce qu'on appelle le *minimum visibile,* sans que cette couleur cesse entièrement d'être perceptible. Il est de fait aussi que le monde visible nous est donné comme un vaste tableau, formé de couleurs juxtaposées : or des couleurs, dont chacune, prise à part, n'aurait aucune étendue, ne pourraient, ni se juxtaposer, ni former un tableau d'une grandeur quelconque. Mais quelle est, au juste, l'étendue de chacune des couleurs que je perçois ? Cette étendue est-elle celle des objets ou parties d'objets sur lesquels elles me paraissent répandues ? Assurément : car je n'ai aucune conscience et ne puis me faire aucune idée de l'existence des couleurs en dehors des objets colorés. Mais quelle est la grandeur de ces objets eux-mêmes ? car il est certain que le même objet n'a pas toujours pour moi la même grandeur, soit que l'image qui me le représente devienne en effet plus grande ou plus petite, soit que j'en fasse varier moi-même la grandeur par un acte inconscient d'imagination : c'est ainsi que la lune me paraît, d'abord beaucoup plus petite que si je la voyais de près, et ensuite, quoique je la voie toujours sous le même angle, plus grande lorsqu'elle se lève que lorsqu'elle est au haut du ciel. Or, de toutes les grandeurs par lesquelles passe, avec ou sans ma participation, un objet visible, y en a-t-il une qui puisse, de préférence à toute autre, être considérée comme la sienne ? On répond, et c'est en effet la seule réponse possible, que c'est celle qui n'est pas seulement visuelle, mais à la fois visuelle et tactile. Mais y a-t-il des grandeurs tactiles ? Non, si, comme nous avons essayé de le prouver, le tact ne nous donne par lui-même aucune étendue ; et quand il y en aurait, comment et par quel sens nous assurer qu'une grandeur visuelle coïncide avec une grandeur tactile ? Mais s'il n'y a pas de grandeur qui soit autre chose que visuelle, entre toutes les grandeurs du même objet considérées en elles-mêmes, nous n'avons plus aucune raison de choisir, et nous devons les regarder toutes comme également vraies, ou comme également fausses. Il est certain cependant que nous faisons un choix et que chaque objet visible a pour nous une vraie grandeur, dont toutes les autres ne sont que des augmentations ou des diminutions apparentes. Voilà donc un premier point sur lequel nous complétons, à l'aide sans doute de données étrangères, les données, incomplètes en elles-mêmes, de la vue.

La perception visuelle de l'étendue en profondeur est encore plus contestée que celle de l'étendue en surface [1]. Commençons par constater,

---

1. Je l'ai contestée moi-même, à tort je crois, dans un travail antérieur.

ici encore, deux faits. L'un est que nous ne percevons pas d'objet visible qui ne nous paraisse
situé à quelque distance en avant de nous : et
il faut même bien qu'il en soit ainsi, puisqu'à
une distance nulle, nous ne verrions de cet objet
qu'un point à la fois, ce qui revient à dire que
nous ne le verrions pas. L'autre fait est que
nous voyons ou croyons voir l'espace s'étendre
et les objets s'échelonner, en avant de nous, à
l'infini : or on peut bien concevoir que notre imagination agrandisse une profondeur donnée, ou
détermine une profondeur indéterminée en elle-
même : mais il n'est pas concevable qu'elle en
crée une de toutes pièces, là où la vue ne nous
en aurait donné aucune. La vue, dit-on, ne peut
pas percevoir la profondeur, parce que le contact
des rayons lumineux avec notre rétine n'a lieu
que par leur extrémité, et ne peut nous donner
aucune idée de leur longueur. Mais nous ne percevons pas plus cette extrémité que cette longueur : l'action de la lumière sur nos yeux ne se
manifeste pas à nous par une sensation tactile,
mais par l'apparition d'une image visuelle ; et
autant il nous serait impossible de projeter hors
de nous une sensation tactile, autant il est possible et même, comme nous l'avons remarqué,
nécessaire, qu'une image visuelle nous apparaisse
avec un certain recul dans l'espace. Maintenant
quelle est, pour une image donnée, la quantité

de ce recul? Va-t-elle rejoindre dans l'espace un
objet tangible auquel elle correspond, et qui l'a
produite en nous par l'intermédiaire des rayons
lumineux? Supposons qu'il en soit ainsi : nous ne
pourrons pas déterminer par le tact la place de
cet objet, si, comme nous avons cru le reconnaître, il n'y a pas plus, pour le tact, d'étendue en
profondeur que d'étendue en surface; et quand
nous le pourrions, il nous serait toujours impossible de passer de la situation de l'objet tangible à celle de l'image visuelle, faute d'un sens
capable de percevoir à la fois l'un et l'autre[1].
Mais il ne nous est pas moins impossible de mesurer directement par la vue le recul de l'image
visuelle: car pour mesurer une distance par la
vue, il faut la parcourir du regard, et nous ne pouvons pas parcourir du regard une distance en profondeur, puisque cette distance, quelque grande
qu'elle soit, nous apparaît nécessairement comme
ramassée dans un point. Quant au plus ou
moins de grandeur, de netteté ou de vivacité
des images, et aux différentes sensations musculaires qui se lient en nous à l'exercice de la vue,
toutes ces circonstances peuvent bien devenir
pour nous des mesures indirectes de distance,

1. Est-ce à dire que l'optique soit une science vaine? Nullement :
l'objet extérieur et les rayons lumineux existent: mais ils existent à
titre d'images visuelles, dans la conscience du savant qui observe
du dehors le fait de ma vision, et pour lequel je ne suis moi-même
qu'une image visuelle.

si nous les interprétons à l'aide de données étrangères : mais aucune d'elles n'est de nature à
nous donner par elle-même l'idée d'une distance
grande ou petite. Nous disons cependant que les
objets visibles sont à différentes distances de
nous, et nous les voyons ou croyons les voir à
leurs distances respectives : et voilà un second
point sur lequel les données de la vue ne suffi-
sent pas à expliquer notre représentation du
monde visible.

En voici trois autres. Un homme est debout
devant moi, et je dis qu'il a la tête en haut et les
pieds en bas. Je suppose donc qu'il y a dans
l'espace un côté, ou plutôt un sens, qui est
celui du haut, et un autre qui est celui du bas ;
et je reconnais le haut à la direction de ma propre tête et le bas à celle de mes propres pieds.
Mais suis-je sûr, à ne consulter que mes yeux,
d'avoir moi-même la tête en haut et les pieds en
bas ? Si l'homme qui est devant moi avait la tête
du côté de mes pieds et les pieds du côté de
ma tête, je dirais qu'il est dans une position renversée : mais s'il n'était pas plus incommodé de
sa position que je ne suis de la mienne, il en
dirait probablement autant de moi ; et si, des
objets qui nous entourent, une moitié était retour-
née comme lui, l'autre restant tournée comme
moi, un spectateur impartial, qui oublierait qu'il
a lui-même une tête et des pieds, ne saurait com-

ment prononcer entre nous. Ainsi la distinction
du haut et du bas, sans laquelle nous ne pouvons
pas nous représenter le monde visible, suppose
l'intervention d'une donnée étrangère à la vue. En
second lieu, ce monde a pour nous la forme d'une
sphère, qui s'étend autour de nous en tous sens, à
droite et à gauche, en avant et en arrière, au-dessus et même, sauf l'opacité de la terre, au-dessous. Mais de cette sphère, nous ne percevons à
la fois et sans faire de mouvement qu'une petite
partie : le cinquième environ, dans le sens horizontal ; moins encore, si nous ne remuons pas
même les yeux, dans le sens vertical. Nous n'a-
vons, il est vrai, qu'à tourner sur nous-mêmes
pour que notre regard fasse le tour de notre horizon, et nous pourrions par des mouvements
appropriés, et si l'opacité de la terre n'y mettait
obstacle, le promener également de notre zénith
à notre nadir en passant par le sud, et le ramener
de celui-ci à celui-là en passant par le nord. Mais
pourrions-nous dire, après avoir exécuté tous ces
mouvements, que nous avons perçu toutes les
parties d'une sphère visuelle? Oui, si nous avions
conscience de les avoir exécutés : non, si nous
n'avions été attentifs qu'aux tableaux qui se
seraient succédé devant nous : car ces tableaux auraient pu tout aussi bien se dérouler les uns à la
suite des autres sur un plan, sauf à se reproduire
ensuite indéfiniment, aussi bien dans le sens ver-

tical que dans le sens horizontal. Enfin, de même
que le monde visible, dans son ensemble, nous
paraît sphérique, chacun des objets qui le composent est pour nous une sorte de sphère, en ce
sens que, quelle qu'en soit la forme, il a des côtés
opposés entre eux, qui enveloppent entièrement
une portion d'espace, et qui font face à toutes les
parties du monde visible. Or chacun de ces objets
ne nous montre à la fois qu'une de ses faces : comment donc savons-nous qu'il en a plusieurs, et
qu'il est un solide ou un corps, et non une simple
image, faite pour être vue d'un seul côté ? Appa-
remment, parce que nous l'avons fait tourner sur
lui-même, ou que nous en avons fait nous-mêmes
le tour. Mais comment savons-nous que cet objet
a tourné, ou que nous avons tourné autour de lui ?
Ce n'est pas par le témoignage de nos yeux : car nos
yeux n'ont perçu qu'une série d'images, qui pour
eux étaient toutes dans le même plan, et ils ne
peuvent pas plus à eux seuls former de ces images
une sphère convexe, qu'ils ne pouvaient, de nos
tableaux de tout à l'heure, former une sphère
concave. Voilà donc encore deux points, et cela
fait cinq en tout, sur lesquels notre représentation
du monde visible suppose des données qui ne
sont pas d'origine visuelle.

De quel genre sont ces données, et quel est le
sens qui nous les fournit, c'est ce que nous commençons déjà peut-être à entrevoir. Nous avons

distingué, en développant les thèses de Platner, deux sortes de sensations que l'on peut, d'une manière très générale, rapporter au tact : les sensations kinesthésiques, qui répondent toujours en nous à l'effort moteur, et les sensations tactiles proprement dites, qui nous apprennent qu'à la résistance organique est venue s'ajouter la résistance étrangère. Nous avons dit que les premières nous permettent de distinguer, avant toute intuition spatiale, nos différents mouvements, et que les secondes nous donnent des corps étrangers une connaissance aussi détaillée, quoique d'un autre genre, que celle que nous devons à la vue. Voyons maintenant si ce ne seraient pas ces données du tact qui, en s'associant à celles de la vue, leur apporteraient le complément sans lequel elles nous ont paru impuissantes à constituer le monde visible.

Il y a en nous, avant tout mouvement volontaire, un effort instinctif, à peu près ininterrompu pendant la veille, par lequel nous maintenons notre tête et une partie au moins de notre corps élevées au-dessus du sol, en dépit de l'attraction terrestre. Nous percevons, en même temps que cet effort, la résistance d'un point d'appui, en partie organique, en partie étranger ; nous ne cherchons pas du reste à vaincre cette résistance, nous la prenons au contraire pour auxiliaire dans notre lutte contre la pesanteur. Nous obte-

nons par là l'idée, en quelque sorte dynamique,
de deux directions opposées, celle de la pesanteur,
et celle de notre effort aidé de cette résistance ;
et nous pouvons appeler cette dernière direction,
celle du haut, et la première, celle du bas, en
dépouillant ces deux mots de toute signification
spatiale. Un second genre d'effort, qui suppose le
premier et s'y ajoute, est l'effort locomoteur :
celúi-ci n'est pas continu, mais se renouvelle de
moment en moment ; il n'est pas instinctif, mais
déterminé par un désir, et tend à nous rapprocher
de l'objet de ce désir. Dans la conscience de cet
effort est enveloppée celle d'une double résistance :
celle de nos organes d'abord, et ensuite celle des
corps étrangers (ne fût-ce que l'air) interposés
entre nous et l'objet que nous désirons atteindre ;
et cette double résistance, qui n'est pas pour nous
une aide, mais au contraire un obstacle, nous
apparaît nécessairement comme dirigée dans un
sens opposé à celui de notre effort. Seconde
opposition, purement dynamique comme la première, entre une direction en avant, celle de l'effort
qui nous rapproche du but poursuivi, et une
direction en arrière, celle de la résistance qui
arrête ou retarde notre poursuite. Je suppose
maintenant, qu'arrêtés dans notre marche en
avant par un obstacle, nous entreprenions de
l'explorer, soit pour en trouver le point faible,
soit par pure curiosité. La manière la plus natu-

relle pour nous de procéder à cette exploration
sera, après avoir posé nos deux mains l'une à
côté de l'autre sur l'objet qui nous barre le chemin, de les écarter peu à peu l'une de l'autre sur
la surface de cet objet, pour les rapprocher de
même ensuite ; et nous acquerrons ainsi l'idée,
toujours exclusivement dynamique et qualitative,
d'une troisième opposition, celle de la droite et
de la gauche[1]. Ces mouvements de nos mains (et
ceux qu'elles peuvent être en outre appelées à
exécuter, de haut en bas et de bas en haut, ou
encore d'arrière en avant et d'avant en arrière,
pour que l'exploration soit complète) sont déterminés, comme l'effort locomoteur, par un désir :
mais ce désir est uniquement celui de connaître ;
ils ne tendent pas à surmonter une résistance,
mais simplement à en constater, de place en
place, la présence, et surtout à nous renseigner
sur les qualités tactiles de la surface explorée ;
enfin ils sont de leur nature reversibles et alter-
natifs. Haut et bas, avant et arrière, droite et
gauche, trois oppositions essentiellement tactiles
ou plutôt kinesthésiques, primitivement indépendantes de toute étendue, et cependant destinées
à devenir pour nous la forme même de l'étendue,
dont l'intuition visuelle ne nous fournit, à proprement parler, que la matière.

Il se rencontre, dans l'exploration tactile des

1. Cf. Bain, *The Senses and the Intellect*, 2ᵉ éd., p. 202, sq..

surfaces, deux cas, et par suite deux combinaisons de mouvements, qui méritent une mention
particulière. Je suppose que l'obstacle qui m'arrête
me présente, au lieu d'une surface plane indéfinie,
une surface convexe et revenant en arrière sur
elle-même, que ce soit, par exemple, un tronc
d'arbre. Je remarque, en explorant cette surface,
d'abord que mes deux mains, pour rester en contact avec elle, sont obligées de s'avancer à mesure
qu'elles s'écartent l'une de l'autre, et ensuite que
leur pression, pour demeurer constante, doit
s'exercer, non plus seulement d'arrière en avant,
mais aussi et de plus en plus, pour ma main
droite, vers la gauche, et pour ma main gauche,
vers la droite, jusqu'au moment où ces deux pressions seront devenues exclusivement latérales et
exactement opposées l'une à l'autre. Si l'arbre
n'est pas tellement gros que mes mains ne puissent en achever le tour, leur pression, à partir
de ce moment, deviendra, au contraire, de moins
en moins latérale, et s'exercera de plus en plus,
par rapport à moi, d'avant en arrière, jusqu'à ce
que, s'étant rejointes de l'autre côté du tronc,
elles le pressent uniquement dans cette dernière
direction. Si la grosseur de l'arbre est telle que
je ne puis en embrasser que la moitié, je tournerai
moi-même autour, mettant ma poitrine là où
était ma main droite, mettant ensuite à cette même
place ma main gauche, et par suite ma poitrine

du côté opposé à celui où elle était d'abord, et ma main droite là où était ma main gauche. Je ramènerai ensuite mes deux mains l'une vers l'autre sur la partie du tronc qui me fera face, et sachant que chaque pression qu'elles exercent maintenant est de signe contraire à l'une de celles qu'elles exerçaient tout à l'heure, je serai certain encore une fois d'avoir épuisé toutes les directions possibles. J'aurai donc constaté, par cette expérience, la solidité complète de l'arbre, au moins dans le sens horizontal. De l'exploration d'une surface convexe, passons à celle d'une surface concave. Je me suppose placé au centre d'une salle circulaire dont le rayon n'excède pas la longueur de mon bras, et j'entreprends d'en explorer la paroi, à l'aide de mes deux mains, graduellement écartées à partir de l'endroit qui est en face de moi. Je m'aperçois bientôt que mes mains, à mesure qu'elles s'éloignent l'une de l'autre, sont ramenées, chacune de leur côté, en arrière, et que leur pression contre la paroi dont elles suivent le contour dévie de plus en plus, pour ma main droite, vers la droite, et pour ma main gauche, vers la gauche, jusqu'à ce que, mes bras étant entièrement ouverts, ces deux pressions deviennent exclusivement latérales, comme dans l'expérience précédente, mais en sens inverse. Ici je suis obligé, pour continuer mon exploration, de changer, non de place, mais de position.

Je fais un demi-tour sur moi-même, ma main droite prenant sur la paroi la place de ma main gauche, et réciproquement : mes deux mains continuent à suivre le contour de cette paroi, allant maintenant l'une au-devant de l'autre, défaisant en apparence le chemin qu'elles ont fait tout à l'heure, mais le complétant en réalité l'une pour le compte de l'autre, et se rejoignant enfin dans une situation semblable, mais diamétralement opposée, à celles qu'elles occupaient primitivement. J'aurai conscience, à la fin de cette seconde expérience, d'avoir épuisé toutes les directions horizontales dans lesquelles peuvent diverger des pressions et converger des résistances, et d'avoir fait en quelque sorte le tour d'un horizon tactile. Des expériences analogues, mais plus faciles à concevoir qu'à réaliser, dans lesquelles l'opposition du haut et du bas remplacerait celle de la droite et de la gauche, achèveraient de déterminer en tout sens, les unes, un solide tangible donné, les autres, la sphère tactile dont j'occupe le centre. Rien, dans tout cela, qui ressemble à ce que nous avons coutume de nous représenter sous les noms de convexe et de concave : point d'espace, à moins que ce ne soit celui de l'aveugle; point de figures, mais les schèmes dans le temps des figures que notre regard va dessiner dans l'espace.

... Il ne nous reste plus qu'à montrer comment ces

données du tact se combinent avec celles de la vue
pour constituer le monde visible. Rappelons-nous
ce que nous donne la vue réduite à elle-même :
des images d'une grandeur indéterminée, flottant
devant nous à une distance indéterminée, et dont
nous ne pouvons pas même dire si elles sont droites
ou renversées. Mais parmi ces images, se trouve
celle de notre propre corps : or nous savons par
le tact, ou plutôt par le sens kinesthésique, ce
que c'est, pour notre corps, que d'être droit ou
renversé : il est droit lorsque nous triomphons
de la pesanteur, c'est-à-dire lorsque, les pieds
appuyés sur le sol, nous élevons autant que possible notre tête au-dessus. L'image de notre
corps, dans cette position, devient pour nous
par suite une image droite ; et nous appelons
droites, par analogie, toutes celles qui se présen-
tent à nous dans la même position, c'est-à-dire
dans lesquelles la partie qui nous paraît correspondre à notre tête est dirigée dans le même
sens qu'elle. — Chaque image visuelle peut nous
être donnée sous une infinité d'angles différents,
et nous pouvons en outre, par un acte inconscient
d'imagination, en faire varier nous-mêmes la
grandeur : mais entre toutes les grandeurs possibles de la même image, il y en a une à laquelle
s'associe en nous une sensation de contact et qui
nous permet de distinguer en elle un nombre de
détails égal à celui que nous fournit au même

moment l'exploration tactile : c'est donc celle-là que nous devons regarder comme la vraie grandeur de l'objet visible, si nous appelons de ce nom, conformément à l'opinion commune, celui qui est à la fois visible et tangible. — Aucune image visuelle ne se place d'elle-même à une distance de nous plutôt qu'à une autre : mais chaque image nous est donnée, comme nous venons de le rappeler, tantôt sous un angle, tantôt sous un autre ; elle varie en même temps en vivacité et en netteté ; enfin elle provoque, de la part de notre organe visuel, différentes réactions musculaires. Toutes ces circonstances ne sont encore pour nous que des signes possibles de distance : mais nous avons appris à y associer l'idée de différentes distances dans le temps, mesurées par des séries plus ou moins longues d'efforts locomoteurs : et la distance dans l'espace n'est au fond pour nous qu'une distance dans le temps, l'objet que nous appelons éloigné étant celui dont la vision ne coïncide pas avec une sensation actuelle de contact, mais rappelle ou annonce un contact passé ou à venir [1]. — Enfin il est facile de comprendre comment certains jeux de lumière et d'om-

---

1. Cf. Berkeley, *On the Principles of human Knowledge*, § 43, sq.. — Il reste cependant à expliquer comment nous croyons voir cet objet au delà d'autres objets, situés eux-mêmes les uns au delà des autres ; et l'explication est peut-être celle-ci : lorsque nous marchions vers l'objet le plus éloigné, nous pouvions, en nous retournant à demi, voir les objets intermédiaires et cet objet lui-même,

bre, perçus en réalité dans un seul plan, mais interprétés à l'aide des deux séries de mouvements explorateurs que nous avons décrites en dernier lieu, nous suggèrent l'idée d'une disposition circulaire des images, soit autour de nous, soit autour d'un centre étranger, et font ainsi pour nous, de la concavité et de la convexité tactiles, une concavité et une convexité visuelles.

Si maintenant, derrière le monde visible, tel que nous venons de le construire, nous replaçons la résistance, telle que nous l'avons définie au début, aurons-nous rendu compte de l'idée que nous avons tous naturellement d'un monde extérieur ? — Il s'en faut, nous dira-t-on probablement, de beaucoup : car ce monde, dans la pensée de tous les hommes, se compose de corps, c'est-à-dire d'objets à la fois étendus et résistants : or à ces objets vous substituez, d'une part, des images visuelles, c'est-à-dire une étendue sans résistance, et de l'autre, des sentiments de résistance inétendus et renfermés en nous-mêmes. — Mais que veut-on dire au juste, lorsqu'on parle d'objets à la fois étendus et résistants ? On ne veut pas dire sans doute que la résistance soit,

---

non, comme maintenant, à la file et les uns derrière les autres, mais de front et les uns à côté des autres ; et l'aspect qu'ils nous offrent maintenant nous rappelant, quoique très différent, celui qu'ils nous offraient alors, nous croyons percevoir en profondeur les dimensions et les intervalles que nous nous souvenons d'avoir perçus en largeur.

par elle-même, étendue, ou que l'étendue soit,
par elle-même, résistante : car nous ne saurions
ce que c'est, pour une résistance, que de s'exercer ici et là, si nous ne savions d'ailleurs ce que
c'est que l'espace ; et rien ne nous empêche de
concevoir, au moins comme possible, une portion
d'espace dans laquelle ne s'exerce aucune résistance. Ce qu'on veut dire, et ce qui est vrai, c'est
que l'étendue et la résistance sont pour nous
solidaires l'une de l'autre : c'est que nous n'éprou-
vons pas de sentiment de résistance qui n'ait ou
ne puisse avoir dans l'espace sa traduction visuelle, et que nous ne percevons pas d'image
visuelle à laquelle ne réponde en nous un sentiment au moins possible, et plus ou moins éloigné
dans le temps, de résistance. — Mais, nous dira-t-on
encore, lorsque vous êtes en présence d'un objet
extérieur, vous ne percevez pas, d'un côté, une
étendue, et de l'autre, une résistance : c'est dans
l'étendue elle-même, ou plutôt à travers l'étendue
que vous percevez la résistance, qui en est en
quelque sorte le *substratum*, et qui forme avec
elle un seul et même objet. — Il n'y a là, croyons-
nous, qu'une apparence, fondée sur une association d'idées. Voici un objet tangible qui me
résiste : mes mains en explorent la surface et
mes yeux, au même moment, parcourent l'image
correspondante ; la résistance qu'il m'oppose est
spécifiée, d'instant en instant, par de nouveaux

détails tactiles; chacun de ces détails coïncide
dans ma conscience avec un détail visuel, auquel
il s'associe; et c'est par l'intermédiaire de cette
double série de détails, associés chacun à chacun,
que mon sentiment de résistance va lui-même
s'attacher à toutes les parties de l'image visuelle
et lui devient, en quelque manière, coétendu. Et
comme cette image me paraît située en avant de
moi; comme, d'autre part, la résistance de l'objet
tangible s'exerce, par rapport à moi, d'avant en
arrière; comme enfin elle ne commence à s'exercer qu'au moment où l'image de mes mains se
pose sur la surface visible, il est naturel qu'elle
me paraisse résider derrière cette surface et
s'exercer perpendiculairement à elle. Voilà comment chacune de mes images visuelles devient
pour moi un objet tangible; et il est naturel aussi
qu'elle continue à me paraître telle, même lorsque je ne touche pas actuellement d'objet correspondant, et que je n'ai pour la doubler, que le
souvenir ou le pressentiment d'une résistance.
Que les objets visibles cependant ne soient pas
tangibles en eux-mêmes, qu'ils soient des images
et non des corps, c'est ce qui résulte clairement
des changements de grandeur que nous leur
voyons subir : concevrait-on qu'un objet tangible
devînt plus petit parce qu'il s'éloigne de moi, et
qu'il dépendît même de moi, dans une certaine mesure, de le rendre plus petit ou plus

grand, selon que je le juge plus près ou plus loin [1]?

L'idée d'un monde de corps, c'est-à-dire d'objets à la fois et en eux-mêmes étendus et résistants, est quelque chose de beaucoup moins simple qu'on ne croit. Remarquons d'abord que ces objets, s'ils existent, sont entièrement distincts des objets visibles, puisque leur grandeur est nécessairement fixe, tandis que celle des objets visibles est variable. D'où cette conséquence bizarre et contraire au sens commun, qu'il y a pour nous deux mondes, l'un réel, que nous ne voyons pas, l'autre que nous voyons, mais qui n'est composé que d'apparences. Ajoutons que ce monde d'apparences est précisément le seul des deux qui nous soit familier et qui nous intéresse : nous connaissons et nous aimons la mer et les montagnes visibles; qui se soucie, ou qui s'est jamais fait la moindre idée, du Mont-Blanc tangible? Remarquons ensuite que les prétendues réalités tangibles ne sont pas, quoi qu'on en dise, des données de l'expérience : ce sont des concepts abstraits, dont les éléments sont, il est vrai, empruntés à l'expérience, mais ont été tellement modifiés par le travail de notre

1. Voy. dans Helmholtz (*Physiol. Optik*, 2ᵉ éd., § 30, p. 780) et dans William James (*Princ. of Psychol.*, ch. XIX, vol. II, p. 91), le sorite inconscient en vertu duquel les objets devant lesquels nous passons en chemin de fer (arbres, maisons, etc.) nous paraissent plus petits qu'à l'ordinaire, lorsque la marche de notre train est exceptionnellement rapide.

esprit, qu'aucune représentation sensible n'y peut plus correspondre. Nous n'avons jamais perçu, par exemple, et nous essaierions vainement de nous représenter une résistance indépendante de tout effort actuel, et s'exerçant à vide, à partir d'un point donné, dans toutes les directions à la fois. L'étendue que nous attribuons aux corps est au fond celle de nos images visuelles : mais il n'y a jamais eu pour nos yeux, et il n'y a pas davantage pour notre imagination, d'étendue sans aucune couleur, de solides donnés sous toutes leurs faces à la fois, de figures et de grandeurs affranchies de toutes les lois de la perspective. Essayons maintenant de nous faire une idée, non d'un corps en particulier, mais de l'ensemble de tous les corps. Nous commencerons par distinguer, dans cet ensemble, un haut et un bas, une droite et une gauche, ce qui est en avant et ce qui est en arrière. Nous nous souviendrons ensuite que ces distinctions sont entièrement relatives à notre point de vue, et que le monde, s'il existe en lui-même, doit être tel, non seulement qu'il nous apparaît, mais encore qu'il apparaîtrait à une infinité de spectateurs placés simultanément à tous les points de vue possibles. Nous tâcherons alors d'imaginer un haut qui soit en même temps un bas, un haut et un bas qui soient une droite et une gauche, toutes les directions en un mot, je ne dis pas comme permutables, mais comme cumulées et confondues les unes avec les autres. Nous nous efforcerons de voir les mouvements planétaires s'exécuter, pour nous, de droite à gauche, mais en même temps, pour d'autres spectateurs, de gauche à droite, et pour d'autres encore, auxquels le plan de l'écliptique apparaîtrait comme vertical, de haut en bas ou de bas en haut. Il n'y a pas là, nous le reconnaissons, d'impossibilité intrinsèque : il y a seulement impossibilité pour nous de nous représenter ces mouvements, et en général le monde des corps, tels qu'ils sont censés exister en eux-mêmes.

Mais l'hypothèse d'un monde matériel existant en lui-même soulève deux difficultés beaucoup plus graves, et qui la rendent, si elles sont fondées, objectivement et absolument impossible.

Je prends pour accordé qu'il n'y a pas d'infini numérique actuel, en d'autres termes, que tout ce qui est ou peut être donné en même temps à une même conscience est en nombre fini; je ne vois, en revanche, aucune difficulté à ce que des existences successives, ou données à des consciences différentes, et qui par conséquent ne forment pas un tout, surpassent tout nombre assignable[1].

1. L'infini.., à proprement parler, n'est pas un tout (Leibniz, *Théod.*, § 195). — Sentio, proprie loquendo, infinitum ex partibus constans neque unum esse neque totum (id., *ad R. P. Desbosses*, éd. Gerhardt, t. II, p. 314). — Datur infinitum syncategorematicum.., possibilitas scilicet ulterioris in dividendo, multiplicando, subtrahendo, addendo progressus... Sed non datur infinitum categorematicum seu habens actu partes infinitas formaliter (Note de Leibniz sur le passage précédent, éd. Gerhardt, ib., sq.).

Les corps célestes visibles pour nous à l'œil nu
sont en nombre fini et même relativement restreint,
puisqu'on n'en compte guère que six mille. Il y
en a d'autres, placés hors de la portée naturelle
de notre vue, mais dont le télescope, ou à son défaut
la photographie, nous permettent de constater
l'existence : le nombre en est immense et probablement difficile à déterminer, mais en tout cas, et
à quelque degré de petitesse que l'on descende,
fini. Mais au delà des dernières étoiles saisies
par le télescope ou enregistrées par la photographie, y en a-t-il d'autres, inaccessibles jusqu'à
présent et peut-être pour toujours à notre expérience, au delà de celles-ci, d'autres encore, et
ainsi de suite à l'infini ? Nous n'avons d'abord
aucune raison pour le nier : qu'importe en effet
que ces étoiles nous paraissent, de notre point
de vue actuel, au-dessous de toute petitesse ima-
ginable ? nous pouvons toujours nous transporter
par la pensée assez près de la plus lointaine, pour
qu'elle devienne égale en grandeur et en éclat à
notre soleil. Mais nous avons en outre pour l'affirmer deux raisons dont Leibniz n'aurait pas con-
testé la valeur. La première est que, si le nombre
des astres, et en général des êtres, était fini,
il serait impossible de comprendre pourquoi ce
nombre est tel plutôt que tel, un nombre plus
grand ayant toujours pu être réalisé. La seconde,
qui complète la première, est que l'être vaut mieux

que le néant, et que c'est précisément pour cela qu'il y a un monde : de même donc que le monde, dans son ensemble, est parce qu'il était bon qu'il fût, toute partie du monde qui pouvait, sans faire tort aux autres, s'y ajouter, méritait elle aussi l'existence, et a dû y être appelée au même titre que le reste. Nous voilà cette fois, et en vertu tout au moins de raisons morales très fortes, lancés dans l'infini : allons-nous donc nous heurter au principe que nous posions tout à l'heure, c'est-à-dire à l'impossibilité de l'infini numérique actuel ? Pas le moins du monde : car ces astres, qui vont se multipliant au delà de tout nombre, n'existent pas, selon nous, en eux-mêmes; ils ne sont que la possibilité pour nous de perceptions toujours nouvelles, mais dont l'ensemble, à chaque moment et pour chacun des points de vue auxquels nous serions successivement placés, serait toujours fini. Sans doute il peut, il doit même y avoir des consciences placées simultanément à ces différents points de vue, et telles que ce qui n'est, pour l'une, que possible, soit toujours, pour quelque autre et sous une forme quelconque, actuel : car, que serait-ce qu'un infini dont la plus grande partie serait purement possible ? mais comme ces consciences ne communiquent pas entre elles et n'existent même pas les unes pour les autres, il n'y en a aucune qui puisse, en ajoutant à son contenu celui des autres, réaliser l'infini des perceptions qui constituent l'univers [1]. Mais il en serait tout autrement si les différentes régions du ciel étaient peuplées, non des perceptions possibles d'une seule conscience ou des perceptions actuelles de plusieurs, mais pour ainsi parler, d'astres en soi : car, bien que ces astres fussent censés exister hors de toute conscience, nous serions obligés, pour concevoir cette existence même, de nous les représenter tels que s'ils étaient donnés tous ensemble à la nôtre, c'est-à-dire comme tous actuels, et formant par leur réunion un tout actuel. Or c'est ce qui ne serait possible que s'ils étaient en nombre fini : de sorte qu'il faut de toute nécessité renoncer, ou à l'infini cosmique, ou au réalisme.

Infini dans le nombre, ou plutôt dans la multiplication des objets qui le composent, le monde l'est-il aussi dans la division des parties qui composent chaque objet? Il s'agit, bien entendu. d'une division physique et réelle, telle que chaque partie se distingue, par une figure et des mouvements propres, des parties environnantes. Il est certain que l'infini en petitesse n'est pas moins inaccessible à notre expérience que l'infini en grandeur, et que le microscope le plus

---

1. Leibniz pensait cependant que chaque conscience est un « miroir de l'univers », et enveloppe par conséquent un infini de perceptions : mais de ces perceptions, il n'y avait selon lui qu'une petite partie, et seulement dans les consciences humaines, qui fût l'objet d'une « aperception », · † qui fût par suite susceptible de s'additionner et de se totaliser.

puissant ne nous fera jamais distinguer, dans un
objet donné, qu'un nombre fini de parties. Mais
nous avons, pour dépasser ce nombre, des raisons
analogues à celles qui nous ont déterminés tout
à l'heure. Peu importe d'abord le degré de petitesse auquel nous sommes, ou plutôt auquel nous
nous croyons parvenus : car il n'y a de grandeur
et de petitesse que par comparaison, et la
moindre portion de matière peut être considérée
comme aussi grande, en elle-même, qu'on voudra,
et composée par suite d'autant de parties qu'on
voudra. Mais pourquoi n'y aurait-il pas quelque
part dans la matière des parties pleines et d'une
seule pièce, des atomes en un mot, dans lesquels
la division, toujours mathématiquement possible,
ne serait plus physiquement réalisée? Parce que,
dirons-nous avec Leibniz, il serait impossible de
comprendre pourquoi la division, poussée jusqu'à
cette limite, ne l'a pas été plus loin ; parce que
surtout, la matière, restée brute et inerte à l'intérieur de ces atomes, aurait pu être revêtue de
figures et animée de mouvements innombrables,
qui auraient fait de chacun d'eux « un monde de
nouvelles créatures », et enrichi d'autant l'univers[1].
Nous voilà donc encore une fois, et au fond pour
les mêmes raisons, en présence de l'infini; et
nous allons, pour échapper à l'infini numérique

---

1. Voy. l'*Apostille* de Leibniz à son *Quatrième écrit* contre
Clarke.

actuel, avoir recours à la même distinction que tout à l'heure. Ces divisions toujours renaissantes d'un objet donné n'existent pas, en effet, en elles-mêmes; elles n'existent pas non plus pour nous, tant que nous ne les percevons pas : il faut dire simplement qu'elles existeraient pour nous, si à notre système actuel d'images, nous pouvions en substituer une série d'autres, d'échelle toujours croissante, et tels par exemple qu'au *minimum visibile* de l'un, correspondît, dans le suivant, l'étendue entière de notre champ visuel. Que ces différents systèmes d'images soient réalisés, pour chaque objet, dans autant de consciences différentes, c'est ce qui est possible à la rigueur, mais que rien ne nous autorise à supposer : ce qui est, en revanche, probable, c'est qu'au moins dans chaque être vivant, le détail entier des parties composantes et de leurs actions respectives est donné, sous des formes plus ou moins obscures, à une sorte de hiérarchie de consciences, et va même à la fin se concentrer dans une conscience dominante : mais ce n'est sans doute qu'à la condition de s'y fondre dans un sentiment général de la vie, qui exclut toute distinction numérique de sensations élémentaires. Mais si les corps, vivants ou non, étaient des choses en soi, il faudrait de toute nécessité, ou qu'ils fussent composés d'un nombre fini d'éléments, ou que l'infini numérique fût réalisé, une fois dans chacun d'eux, et dans l'ensemble du monde matériel, une infinité de fois.

En deux mots, si Platner a vu juste et s'il n'y a pas d'étendue tactile, il n'y a pas pour nous de corps existants en eux-mêmes ; si comme l'a pensé Leibniz, la multitude des êtres et le détail de leurs parties vont à l'infini, et si comme il le pensait aussi, il n'y a pas d'infini numérique actuel, l'hypothèse d'un monde matériel existant en lui-même est contradictoire et impossible.

# APPENDICE

*Extrait du Bulletin de la Société française de philosophie*

(Séance du 7 janvier 1904)

. . . . . . . . . . . . . . . . . . . . .

« Je viens à l'exposé des objections de M. D., et je lui demande la permission de le reprendre point par point.

Ma première observation portera sur le premier mot, qui est le nom même de Platner. Platner n'est pas le seul observateur qui ait cru que le temps fait, pour l'aveugle-né, fonction d'espace. M. Piras, ancien directeur de l'Institut des Jeunes aveugles de Paris, a tenu à M. Dunan exactement le même langage, et cela sans connaître le texte de Platner. L'objection des aveugles géomètres, que M. Dunan lui a adressée, l'a embarrassé, mais ne l'a pas fait changer d'opinion. Deux fonctionnaires en activité dans le même établissement, M. Petit, censeur, et M. Bernus, professeur, ce dernier aveugle lui-même, mais non de naissance, se sont exprimés

devant M. Dunan dans le même sens que M. Piras [1].
Il y a là un accord de témoignages autorisés, dont
il est juste de tenir compte. Je ne crois pas devoir
négliger non plus l'autorité de Hamilton, qui n'a
pas fait, que je sache, d'observations sur les aveugles, mais qui avait tout lu, et dont l'esprit était
singulièrement aiguisé et pénétrant. Lui aussi
croyait à une origine exclusivement visuelle de
l'idée d'étendue ; et c'est à l'appui de cette opinion
qu'il a été chercher, dans les *Philosophische Aphorismen*, le témoignage de Platner, qui sans lui y
serait peut-être resté enseveli [2].

Ma seconde observation portera sur deux expressions que M. D. considère comme équivalentes
(§ 1 de son exposé), les *trois dimensions de l'espace* et l'*intuition spatiale*.

Je crois qu'autre chose sont ces trois dimensions, ou plutôt les six directions cardinales du
mouvement, par rapport auxquelles nous pouvons
déterminer toutes les autres (haut et bas, droit
et gauche, avant et arrière), autre chose est l'intuition spatiale, que j'aimerais mieux appeler intuition de l'étendue.

J'ai essayé de montrer, dans la *Revue de Métaphysique*, que l'idée, ou plutôt que le sentiment
immédiat de ces six directions n'est, ni visuel, ni

1. *Revue philosophique*, t. XXV, p. 356 à 358.
2. *Lectures on Metaphysics*, t. II: lire les deux premiers tiers de
la 28ᵉ leçon.

à proprement parler tactile, mais exclusivement kinesthésique. Nous sentons, en dehors de toute intuition, ce que c'est que tenir notre corps droit, en luttant contre la pesanteur : nous distinguons donc immédiatement le sens dans lequel la pesanteur nous attire, c'est-à-dire le bas, et celui dans lequel nous réagissons contre elle, c'est-à-dire le haut. Si le végétal a une conscience, il doit savoir ce que c'est que le haut et le bas, car il *veut* croître de bas en haut, et une tige flexible, que son poids entraîne vers la terre, se redresse pour fleurir. L'animal sait à sa manière ce que c'est que l'avant et l'arrière : l'avant, c'est le sens de son désir, celui dans lequel il se meut vers l'objet qu'il poursuit, sa proie par exemple : l'arrière, c'est le sens de la résistance que lui opposent les obstacles qu'il rencontre sur son chemin. Il est probable que l'homme seul sait ce que c'est que le droit et le gauche, parce que seul, sur quatre membres, il en a deux qui ne servent pas à le soutenir, et qu'il peut employer à l'exploration d'une surface dressée devant lui : toujours est-il qu'il sait, par un sentiment immédiat et sans avoir besoin de regarder ses mains, ce que c'est que les faire avancer latéralement, chacune d'un côté de son corps, et les ramener ensuite vers lui. — Nous pouvons aussi, ce me semble, grâce à l'extrême mobilité de nos bras et de nos mains, acquérir l'idée kinesthésique de directions intermédiaires entre ces six directions cardinales : sentir par exemple, toujours sans intuition, ce que c'est que porter notre main à la fois en haut et en avant, ou même que la faire marcher dans une direction composée de trois directions élémentaires, comme à gauche, en avant et en haut. — Nous pouvons enfin, au moins quand nous déplaçons notre corps tout entier, continuer à nous mouvoir dans la même direction pendant un temps quelconque, et par suite nous représenter, entre deux positions occupées successivement par un même mobile, une distance — de temps, bien entendu — aussi grande ou aussi petite que nous voulons. — N'avons-nous pas là, avec les trois dimensions de l'espace, les éléments de toutes les figures et de toutes les grandeurs? — Oui, et cependant nous n'avons pas l'intuition spatiale, ou ce que je préfère appeler l'intuition de l'étendue : nous avons l'ossature, le squelette, le schème de l'espace, mais non l'espace lui-même; ou si l'on veut, avec les psychologues anglais, que ce soit là l'espace, ce sera l'espace sans l'étendue. — Qu'est-ce donc que l'étendue, et comment la définir? Je conviens que cela n'est pas facile. Je ne dirai pas que c'est ce qui a *partes extra* , ni même *juxta partes*, car il resterait à savoir ce que signifient les mots *extra* et *juxta,* et le rapport exprimé par ces mots pourrait peut-être encore s'interpréter en termes de temps. C'est ce en quoi s'inscrivent, pour ainsi dire, toutes les directions actuelles, et se lisent à l'avance toutes les directions possibles du mouvement ; c'est ce qui relie entre elles toutes ces directions et toutes les positions occupées ou occupables dans chacune d'elles ; c'est ce que n'épuisent, ni un mouvement qui se continue toujours dans la même direction, ni deux mouvements dont les directions se rapprochent toujours l'une de l'autre, mais de moins en moins et sans jamais se confondre ; c'est une sorte de matière figurable, qui soutient, remplit et déborde à l'infini toutes les figures que nous pouvons tracer ou imaginer ; c'est en un mot, pour toutes les déterminations de l'espace, le possible avant l'actuel, et le tout avant les parties.

C'est l'étendue, ainsi comprise et distinguée du simple schème spatial, qui nous est, selon moi, donnée par la vue, et qui ne peut pas l'être par le tact.

Le sens kinesthésique, dont j'ai essayé de définir le rôle, une fois mis à part, il ne resterait en effet, pour la composer, que la résistance et les qualités tactiles proprement dites. Mais il m'est impossible de concevoir, soit une résistance, soit une qualité tactile quelconque, comme étendue. Une résistance est ce qui m'empêche d'avancer ma main ou mon corps dans une direction déterminée ; une qualité tactile, comme le chaud ou le froid, le rude ou le poli, n'est qu'une forme atté-

nuée et spécialisée du plaisir ou de la douleur.
Dire que ma main est étendue et que la surface
sur laquelle je l'applique doit l'être aussi, serait
trop évidemment résoudre la question par la question. Il faut ici nous défier de l'association des
idées, qui revêt d'une forme visuelle, et par suite
d'étendue, ce qui est, en soi, tactile et inétendu.
— Mais supposons que chaque contact de ma main,
ou si, on l'aime mieux de mon doigt, avec une
surface résistante, me donne la sensation d'une
étendue. Cette étendue, liée à un sentiment unique
de résistance, sera elle-même une unité simple
d'étendue ; et si j'admets que ma main, passant
incessamment d'une résistance à une autre, relie
aussi sans intervalle une étendue à une autre, l'étendue totale ainsi obtenue se composera d'un nombre
déterminé d'étendues élémentaires. Le mouvement
de ma main une fois arrêté, je pourrai sans doute
ajouter encore en imagination l'étendue à l'étendue, et j'obtiendrai ainsi un total aussi grand que
je voudrai, mais toujours déterminé et fini. Et il
y a deux choses, admises, je crois, par tous les
géomètres, que je ne pourrai pas comprendre :
l'une, c'est que l'étendue est, non pas indéfinie,
mais infinie, c'est-à-dire *déjà donnée* au delà de
tout chemin parcouru et de toute limite atteinte ;
l'autre, c'est qu'elle est divisible à l'infini, précisément parce qu'elle n'est pas une somme d'étendues élémentaires, et qu'il n'y a pas en elle de

partie que l'on ne puisse se représenter, en l'isolant du reste, comme aussi grande que le tout, et composée à son tour d'autant de parties que lui.

Or ce que le tact ne peut pas nous donner est précisément ce que nous donne la vue. Il n'y a pas d'abord à demander si la sensation visuelle, c'est-à-dire la couleur, est étendue par elle-même : elle nous paraît telle dès que nous la percevons, et nous cessons de la percevoir dès quelle cesse de nous paraître étendue. De plus, c'est une propriété remarquable, quoiqu'on ne l'ait peut-être pas assez remarquée, de la sensation visuelle, de nous donner, non une étendue actuelle et d'une grandeur déterminée, mais une sorte de matière d'étendue, susceptible indifféremment de toutes les grandeurs, et dont la moindre partie peut à son tour se dilater à l'infini. Jusqu'où s'étend notre vue, lorsque nos yeux se tournent vers le ciel ? Virtuellement, à l'infini : actuellement, à une distance, pour l'enfant nouveau-né, de quelques centimètres ; d'une centaine de mètres peut-être, pour l'enfant de deux ans ; de cinq ou six kilomètres, pour l'homme fait qui ignore l'astronomie ; à une distance déjà beaucoup plus grande, pour un Grec instruit du temps d'Aristote ; à la distance, pour nous modernes, à laquelle le calcul place les étoiles les plus lointaines que nous puissions apercevoir. Et combien de détails visibles renferme une portion de surface donnée ? Très

peu, si nous la regardons négligemment et de loin ;
beaucoup, si nous la regardons de près et atten-
tivement ; beaucoup plus encore, si nous la regardons à la loupe ou au microscope ; une infinité à
la rigueur, si l'on suppose une série sans fin de
grossissements, dont chacun soit au précédent ce
que le premier est à l'image visuelle originale :
et il est bien certain cependant que tous ces détails
sont *déjà* dans cette image, et que le microscope,
qui les y fait apparaître, ne les y introduit pas.
C'est donc bien l'infini, à la fois en grandeur et
en petitesse, que nous donne la sensation visuelle,
et ce double infini est précisément l'étendue, telle
que la conçoivent les géomètres.

Je remarque en passant que l'étendue, telle
qu'elle nous est donnée par la vue, satisfait parfaitement aux deux conditions, contradictoires en
apparence, que Kant impose à ce qu'il appelle
l'espace. L'espace, d'après l'*Esthétique transcen-
dentale*, est une grandeur infinie donnée : et il se
trouve, dans la discussion des *antinomies*, que ce
même espace ne s'étend devant nous qu'à mesure
que nous y situons de nouveaux objets, et ne peut
pas être perçu en lui-même, au delà d'un monde
supposé fini. Mais ces deux caractères se conci-
lient sans difficulté dans l'étendue visuelle, qui
nous est en effet donnée du premier coup comme
infinie, mais d'une infinité purement virtuelle, et
dont la grandeur actuelle n'est que l'ensemble

des distances que nous pouvons observer ou calculer.

Tout cela dit, j'arrive à l'objection à laquelle aboutit le premier paragraphe de l'exposé de M. D., et qui est celle de la géométrie de l'aveugle. Mais j'y ai peut-être répondu d'avance, dans la mesure où il m'est possible de le faire. Si l'aveugle géomètre n'a pas vu, ou n'a pas de souvenirs visuels ; si, quoique aveugle, il n'est pas, par quelque action spontanée de son cerveau, comme le suppose M. W., un voyant : il ne reste, ce me semble, qu'à admettre que, parlant comme nous, il pense autrement, et que sa géométrie est entièrement fondée sur des sensations kinesthésiques de mouvement, de direction et de distance dans le temps. Je ne donne cela, bien entendu, que comme une conjecture, qu'une observation attentive des aveugles géomètres pourra peut-être confirmer ou démentir »

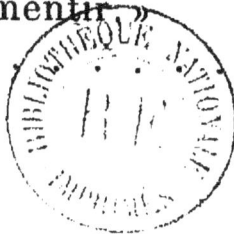

. . . . . . . . . . . . . . . . . . . . . . .

# NOTE SUR LE « PHILÈBE »

---

Platon, dans le *Philèbe*, essaie de compter les principes premiers, ou ce qui revient au même pour lui, les formes les plus générales de l'être. Il en nomme d'abord deux, puis trois ; il s'excuse d'en avoir oublié une quatrième, et se demande s'il ne sera pas obligé d'en admettre une cinquième (23, c, sqq.).

Il y a un autre dialogue, le *Sophiste,* dans lequel Platon énumère ce qu'il appelle ici les genres ou les idées suprêmes (τά μέγιστα τῶν γενῶν). Cette fois il en compte nettement cinq. Il est vrai qu'il n'y a pas un seul nom, dans cette liste, qui lui soit commun avec celle du *Philèbe* (254, d, sqq.).

L'objet de ce dernier dialogue est de décider, du plaisir ou de la pensée pure (νοῦς), lequel est le plus grand bien ; et Platon conclut en distinguant cinq sortes de biens, parmi lesquels le νοῦς occupe le troisième rang, et le plaisir, le cinquième (66, a, sqq.).

Est-il vraisemblable que les *genres* du *Sophiste* et ceux du *Philèbe* n'aient de commun entre eux que leur nombre ? Est-ce, d'un autre côté, par un pur hasard que les biens distingués à la fin du *Philèbe* se trouvent être également au nombre de cinq ? Ou faut-il croire que les principes de la métaphysique platonicienne sont les mêmes dans les deux dialogues, et qu'entre les cinq formes de l'être et les cinq degrés du bien, il y a aussi identité, ou tout au moins correspondance ? Nous le croyons pour notre part, et nous allons essayer de l'établir à l'aide de quelques textes.

Les deux premières formes de l'être, dans le *Philèbe*, sont l'illimité (ἄπειρον) et la limite (πέρας). La troisième n'est que le résultat du mélange des deux précédentes (ἐξ ἀμφοῖν τούτοιν ἕν τι ξυμμισγόμενον — 23, c). La quatrième est la cause qui opère ce mélange (τῆς ξυμμίξεως τούτων πρὸς ἄλληλα τὴν αἰτίαν ὅρα.). La cinquième, si elle existe, sera au contraire un principe de dissociation (μῶν.. σοι.. πέμπτου προσδεήσει διάκρισίν τινος δυναμένου ; — 23, d, sq.).

Les genres suprêmes du *Sophiste* sont, dans l'ordre où Platon les introduit, l'être (ὄν), le repos (στάσις), le mouvement (κίνησις — 254, d), enfin l'identité et la différence (τό τε ταὐτὸν καὶ θάτερον — 254, e, sq.).

Or Plutarque, dans un passage trop peu remarqué, affirme, à titre il est vrai personnel et conjectural, l'identité des principes du *Sophiste* avec ceux du *Philèbe*. « Je crois », dit-il, « que ceux-ci sont pour Platon comme les images de ceux-là : l'être est figuré par le produit du mélange, le mouvement, par l'illimité, le repos, par la limite, l'identité, par le principe qui unit, et la différence, par celui qui sépare » (τεκμαίρομαι..ταῦτ' ἐκείνων ὥσπερ εἰκόνας λέγεσθαι, τοῦ μὲν ὄντος τὸ γινόμενον, κινήσεως δὲ τὸ ἄπειρον, τὸ δὲ πέρας τῆς στάσεως, ταὐτοῦ δὲ τὴν μιγνύουσαν ἀρχὴν, θατέρου δὲ τὴν διακρίνουσαν — de *El apud Delphos*, 15 ; cf. *de defect. orac.*, 34).

Y a-t-il, dans Platon lui-même, des textes qui autorisent ce quintuple rapprochement ? Qu'est-ce d'abord chez lui que l'ἄπειρον ? C'est, d'après le *Philèbe*, la qualité sensible dont rien ne détermine l'intensité : c'est par exemple le chaud et le froid, en tant qu'ils ne portent pas en eux-mêmes leur mesure, et peuvent devenir, l'un plus chaud, l'autre plus froid que lui-même à l'infini (24, a, sqq.). Qu'est-ce, d'autre part, que le πέρας ? C'est la quantité qui mesure la qualité : c'est le *degré*, qui, à la possibilité indéfinie du plus chaud et du plus froid, substitue une température déterminée, comme celle de l'été ou celle de l'hiver (25, a, sq.; cf. 26, a, sq.). Or il résulte des expressions dont se sert ici Platon qu'il se représente l'ἄπειρον comme une sorte de mouvement idéal, par lequel la qualité traverse incessamment tous ses degrés possibles sans s'arrêter à aucun, et le πέρας au contraire comme un principe d'arrêt et de fixité (προχωρεῖ γὰρ καὶ οὐ μένει τό τε θερμότερον ἀεὶ καὶ τὸ ψυχρότερον ὡσαύτως, τὸ δὲ ποσὸν ἔστη καὶ προϊὸν ἐπαύσατο. — 24, d). Nous voyons aussi, dans le *Timée*, la matière (πᾶν ὅσον ἦν ὁρατόν), avant l'action du démiurge, animée d'un mouvement irrégulier et désordonné (οὐχ ἡσυχίαν ἄγον, ἀλλὰ κινούμενον πλημμελῶς καὶ ἀτάκτως — 30, a). Plutarque était donc fondé à rapprocher le πέρας et l'ἄπειρον de la στάσις et de la κίνησις; peut-être seulement faudrait-il renverser le rapport qu'il établit entre ces deux couples de termes, et dire que la κίνησις n'est que la figure de l'ἄπειρον, et la στάσις, celle du πέρας.

Le συμμισγόμενον, appelé aussi dans le *Philèbe* μικτὴ καὶ γεγενημένη οὐσία (27, b), est-il, comme le croit Plutarque, l'ὄν du *Sophiste*? Mais d'abord de quelle sorte d'être s'agit-il, et de quelle sorte de mélange? Rappelons-nous que la tâche du philosophe, selon Platon, n'est pas tant d'expliquer, au moyen des idées, l'existence des choses sensibles, que de reproduire, par la dialectique, la genèse des idées elles-mêmes (*Rep.*, VI, 511, b, sq.). Nous savons, par le *Sophiste*, que les idées ne restent pas immobiles les unes à côté des autres, mais qu'elles se mêlent et donnent naissance, par leur mélange, à d'autres idées (248, a, sqq.; 251, a, sqq.; 259, e). Nous savons de plus, par Aristote, quels sont les derniers éléments de ce mélange : c'est, d'une part, l'ἕν, qu'il est facile de reconnaître dans le πέρας ; de l'autre, l'ἄπειρον, emprunté par Platon aux Pythagoriciens, et devenu chez lui la dyade du grand et du petit (cf. *Phileb.*, 24, e, sq.), qu'Aristote appelle aussi la δυὰς ἀόριστος (*Met.*, A, 6, 987 b, 18 — 27 ; M et N, pass.). Mais il reprend aussi l'expression de Pythagore, et dit que l'ἄπειρον, chez Platon, n'entre pas moins dans la constitution des idées que dans celle des choses (*Phys. ausc.*, Γ, 4, 203 a, 6 — 10). Il est donc très probable que le πέρας et l'ἄπειρον du *Philèbe*, en dépit des formes sensibles dont Platon s'est plu à les revêtir, sont les éléments des idées elles-mêmes, et que la μιχτὴ οὐσία est par suite l'être idéal. Or c'est certainement ce même être qui figure dans le *Sophiste* sous le nom de ὄν, quoique Platon le désigne ordinairement par l'expression plus précise τὸ ὄντως ὄν : mais dans le *Timée* il appelle ὄν, sans adverbe, l'idée en général, et oppose ce nom à celui de γένεσις, par lequel il désigne l'existence sensible (52, d). Un passage célèbre de la *République* achève de nous fixer sur la valeur des mots ὄν et οὐσία : l'ἀγαθόν, autre nom de l'ἕν, donne aux objets de l'entendement (τοῖς γιγνωσκομένοις, opposé à τοῖς ὁρωμένοις, par conséquent, aux idées) l'être et l'essence (τὸ εἶναί τε καὶ τὴν οὐσίαν), alors que lui-même n'est pas essence, mais fort au-dessus de l'essence en pouvoir et en dignité (οὐκ οὐσίας ὄντος τοῦ ἀγαθοῦ, ἀλλ' ἔτι ἐπέκεινα τῆς οὐσίας πρεσβείᾳ καὶ δυνάμει ὑπερέχοντος — VI, 509, b). Nous voyons par là comment l'être idéal est, en un sens, résultat, et en un autre, principe : il est composé d'éléments, mais les éléments qui le composent ne sont pas eux-mêmes des êtres (l'ἄπειρον étant sans doute autant au-dessous de l'οὐσία que l'ἕν est au-dessus), et l'être proprement dit ne commence qu'avec leur union.

Il ne nous reste plus qu'à nous demander si la cause qui produit cette union est bien le ταὐτόν, et si le principe de dissociation que Platon lui oppose est, par suite, l'ἕτερον. Dans le *Philèbe*, Platon ne nous dit pas ce qu'est en elle-même la cause qui unit le πέρας à l'ἄπειρον : mais il nous apprend que l'intelligence (νοῦς) qui gouverne le monde (28, d, sqq.), et dont la nôtre est une parcelle (30, a, sq.), procède de cette cause (ἐγγίγνεσθαι διὰ τὴν τῆς αἰτίας δύναμιν — 30, c, sq.), et a avec elle une certaine affinité (ὅτι νοῦς.. αἰτίας ἦν ξυγγενὴς καὶ τούτου σχεδὸν τοῦ γένους — 31, a). Or nous trouvons une relation toute semblable établie dans le *Timée* entre le νοῦς et le ταὐτόν. Le mouvement uniforme par lequel l'âme du monde tourne sur elle-même d'est en ouest est l'effet et porte la marque du ταὐτόν (36, c) ; et ce mouvement à son tour produit en elle la pensée et la science (37, b, sq.). Dans les âmes humaines, qui répètent sur une moindre échelle les mouvements de l'âme du monde, c'est aussi la révolution déterminée par le ταὐτόν (ἡ ταὐτοῦ καὶ ὁμοίου περίοδος) qui est le principe de la sagesse et de la vertu (42, a — d). Mais comment concevoir que le ταὐτόν agisse et opère le mélange dont se forme l'être idéal ? Assez simplement peut-être, si l'on veut bien se souvenir que la métaphysique de Platon est, en dernière analyse, une logique. Le non-être, tel qu'il le décrit dans le *Sophiste*, n'existe pas en lui-même ; il n'est que la relation, négative et stérile, de deux idées, dont l'une *n'est pas l'autre* et doit être niée de l'autre (256, e, sq.). Ne pouvons-nous pas inférer de là que l'être est au contraire à ses yeux la relation, positive et féconde, de deux idées qui s'affirment l'une de l'autre, et dont chacune *est*, précisément dans la mesure où elle *est l'autre* ? Car d'un sujet qui n'aurait aucun prédicat, on ne pourrait pas dire qu'il *est*, non plus que d'un prédicat qui ne serait celui d'aucun sujet. Or quelle est, d'après le *Sophiste*, la cause du non-être ? C'est la différence des idées entre elles : c'est l'ἕτερον, partout répandu (διεληλυθός, κατακεκερματισμένον), en vertu duquel chaque idée est autre que toutes les autres (258, d, sq.). Il n'y aurait donc rien de surprenant à ce que la cause de l'être fût, dans la pensée de Platon, le ταὐτόν, en vertu duquel certaines idées, quoique distinctes, participent les unes des autres, et se complètent les unes par les autres. Chaque sujet est probablement pour lui, par rapport à ses prédicats possibles, un ἄπειρον, et chaque prédicat, par rapport à ses sujets possibles, un πέρας ; et c'est le ταὐτόν qui, en déterminant le sujet par le prédicat, crée l'être actuel et complet.

Que le ταὐτόν et l'ἕτερον soient les deux principes actifs dont les noms manquent dans le *Philèbe*, c'est ce qui résulte encore de la frappante analogie qui existe, dans la doctrine de Platon, entre la genèse de l'idée et celle de l'âme. Comme ceux de l'idée, en effet, les principes de l'âme sont, d'après le *Timée*, au nombre de cinq. Elle est composée de deux éléments, l'ἀμέριστος οὐσία, probablement l'idée elle-même, qui joue en elle le rôle du πέρας, et l'οὐσία μεριστή, probablement l'étendue, qui remplit celui de l'ἄπειρον. Du mélange de ces deux éléments se forme une tierce essence (τρίτον οὐσίας εἶδος), que Platon appelle aussi, d'un seul mot, οὐσία ; enfin à cette οὐσία viennent s'adjoindre deux puissances (φύσεις = δυνάμεις), distinctes des éléments qui la composent, et qui sont précisément le ταὐτόν et l'ἕτερον (34, e, sq. ; cf. 37, a). Le texte du *Timée*, légèrement obscur et peut-être altéré en cet endroit, est commenté, d'une manière qui ne laisse aucune place au doute, par le passage correspondant de l'écrit attribué à Timée de Locres (95, d, sqq.). Xénocrate et Crantor, au dire de Plutarque, ne reconnaissaient dans l'âme que quatre principes, et ces principes étaient, pour l'un comme pour l'autre, l'ἀμέριστος οὐσία, l'οὐσία μεριστή, le ταὐτόν et l'ἕτερον : ils ne différaient que sur le rôle qu'ils leur faisaient jouer (*de an. procr. e Tim.*, 2).

Nous pouvons donc tenir pour acquis que les *genres* du *Philèbe*, identiques à ceux du *Sophiste*, sont l'ἕν, sous le nom de πέρας, l'ἄπειρον ou la δυὰς ἀόριστος, la μικτὴ οὐσία ou l'ὄν, enfin le ταὐτόν et l'ἕτερον. Quelles sont maintenant les cinq formes du bien que Platon distingue à la fin du même dialogue ?

La première est désignée par le substantif μέτρον et par les adjectifs μέτριον et καίριον (66, a). La seconde est caractérisée par quatre adjectifs, σύμμετρον, καλόν. τέλεον, ἱκανόν. La troisième a deux noms, νοῦς et φρόνησις. La quatrième en a trois, ἐπιστῆμαι, τέχναι, et δόξαι ὀρθαί (66, b, sq.). La cinquième est définie par l'expression ἡδοναὶ ἄλυποι : ce sont les plaisirs purs, ceux qui ne supposent pas avant eux le tourment du besoin (66, c).

Or dans le μέτρον d'abord, nous pouvons sans trop de peine reconnaître le πέρας. Le sens de ce dernier mot est, il est vrai, plus étendu que celui du premier. Le πέρας est la détermination en général ; le μέτρον est la détermination quantitative : mais c'est précisément sous la forme sensible de la quantité qui mesure la qualité, que Platon s'est plu, dans la première partie du *Philèbe*, à décrire le πέρας. Quant aux adjectifs μέτριον et καίριον, il semble ne les avoir ajoutés ici que pour donner à son expression quelque chose de vague et de mystérieux.

Plus mystérieuse encore est la désignation de la seconde forme du bien par les mots σύμμετρον, καλόν, τέλεον, ἱκανόν. Cependant nous savons déjà, par la première partie du dialogue, ce que c'est que le σύμμετρον : c'est la qualité assujettie au *degré*, qui en concilie, en les tempérant l'une par l'autre, les puissances contraires. Telle est la juste proportion du chaud et du froid dans les saisons de l'année, telle est celle de l'aigu et du grave dans les sons de la lyre; telles sont aussi, dans les corps, la santé, et dans les âmes, la vertu. Tout cela est qualifié par Platon d'ἔμμετρον, de σύμμετρον, de σύμφωνον et aussi de καλόν (25, c — 26, b), car la beauté résulte pour lui de la ξυμμετρία (64, e). L'adjectif σύμμετρον est du reste significatif par lui-même, et nous révèle à la fois ce qu'est la seconde forme du bien et comment elle dérive de la première: ce n'est plus la mesure, le πέρας, c'est ce qui est soumis à la mesure, l'ἄπειρον déterminé par le πέρας, l'οὐσία μικτή, l'ὄν.

Le sens des mots νοῦς et φρόνησις, à peu près inséparables dans le *Philèbe*, n'a rien d'obscur, et le *Timée* nous a appris à reconnaître dans le νοῦς ce qu'on pourrait appeler la fonction psychologique du ταὐτόν. Mais que ferons-nous des ἐπιστῆμαι, des τέχναι et des δόξαι ὀρθαί, qui forment, dans la conclusion de notre dialogue, le quatrième degré du bien?

Les rattacherons-nous à l'ἕτερον? Conjecture étrange assurément, et qui est cependant plus qu'une conjecture : car il résulte du même passage du *Timée* que la δόξα est à l'ἕτερον précisément ce que le νοῦς est au ταὐτόν. Pendant qu'une partie de l'âme du monde tourne sur elle-même d'est en ouest, et fait tourner avec elle la sphère des étoiles fixes, une autre partie tourne, au-dessous de la première, en sens inverse, entraînant dans sa révolution la lune, le soleil et les cinq autres astres errants. Or de ces deux mouvements, le premier est déterminé par le ταὐτόν, le second, par l'ἕτερον (36, c) ; et tandis que le premier produit dans l'âme du monde la connaissance scientifique (νοῦς ἐπιστήμη τε ἐξ ἀνάγκης ἀποτελεῖται), le second ne fait naître en elle que des opinions vraies et des croyances durables (δόξαι καὶ πίστεις γίγνονται βέβαιοι καὶ ἀληθεῖς — 37, b, sq.) Dans nos âmes, différentes en cela de l'âme du monde, les mouvements déterminés par l'ἕτερον sont sujets à des perturbations, et de là vient que nos opinions sont, tantôt vraies, tantôt fausses (43, c, sqq.). On comprendra jusqu'à un certain point ces deux rôles opposés du ταὐτον et de l'ἕτερον, si l'on se souvient que le νοῦς a pour objet les idées, immuables en elles-mêmes et unies entre elles par des rapports immuables, tandis que la δόξα est la connaissance des choses sensibles, qui ne cessent de changer, et de devenir, dans leurs modalités et leurs relations, autres qu'elles-mêmes. Platon semble avoir voulu dérouter son lecteur en rapprochant, à la fin du *Philèbe*, les ἐπιστῆμαι des δόξαι ὀρθαί, tandis qu'il associe, dans le *Timée*, l'ἐπιστήμη au νοῦς : mais l'emploi du pluriel et l'intercalation du mot τέχναι montrent assez qu'il s'agit, dans ce passage, de connaissances particulières, d'un caractère sensible et pratique (cf. *Phileb.*, 55, c, sqq.; *Sophist.*, 257, c, sq.), tandis que l'ἐπιστήμη du *Timée* est exclusivement la science des idées.

Nous n'avons pas à établir pour notre compte que l'ἡδονή procède de l'ἄπειρον, car c'est ce que Platon affirme expressément en plus d'un endroit du *Philèbe* (27, e, sq.; 31, a; 41, d; 52, c; cf. Arist., *Eth. Nic.*, K, 2, 1173 a, 15, sqq.). Au reste, ce n'est pas le plaisir en général qui est pour lui la cinquième forme du bien : c'est un plaisir pur, qui ne suppose aucun besoin et ne succède à aucune douleur (51, a, sqq.) : c'est par suite un plaisir faible, qui se meut entre des limites étroites, et dans lequel l'ἐμμετρία a presque effacé le caractère de l'ἄπειρον (52, c, sq; cf. 28, a). Même ainsi entendu, le plaisir n'est un bien que relativement à la nature humaine : la pensée pure, trop faible en nous (βραχύ τι — *Tim.*, 51, e), la connaissance sensible, imparfaite en elle-même et sujette en nous à l'erreur, ne suffiraient pas à nous rendre heureux (*Phileb.*, 21, d, sq.; 60, c — e); l'âme des Dieux, remplie de la lumière des idées, n'a pas besoin du plaisir (*Tim.*, 51, e; *Phileb.*, 22, c; 33, b).

Concluons qu'entre les cinq formes de l'être et les cinq degrés du bien, il y a chez Platon, soit identité, soit correspondance; que le σύμμετρον ne fait qu'un avec l'ὄν, comme le μέτρον avec l'ἕν ; que le νοῦς et la δόξα ὀρθή représentent dans les âmes l'un, le ταὐτόν, l'autre, l'ἕτερον ; enfin que l'ἡδονή ἄλυπος est la seule forme de l'ἄπειρον qui ne soit pas indigne de figurer au nombre des biens.

# TABLE DES MATIÈRES

Sens. — Société nouvelle de l'Imprimerie Miriam.

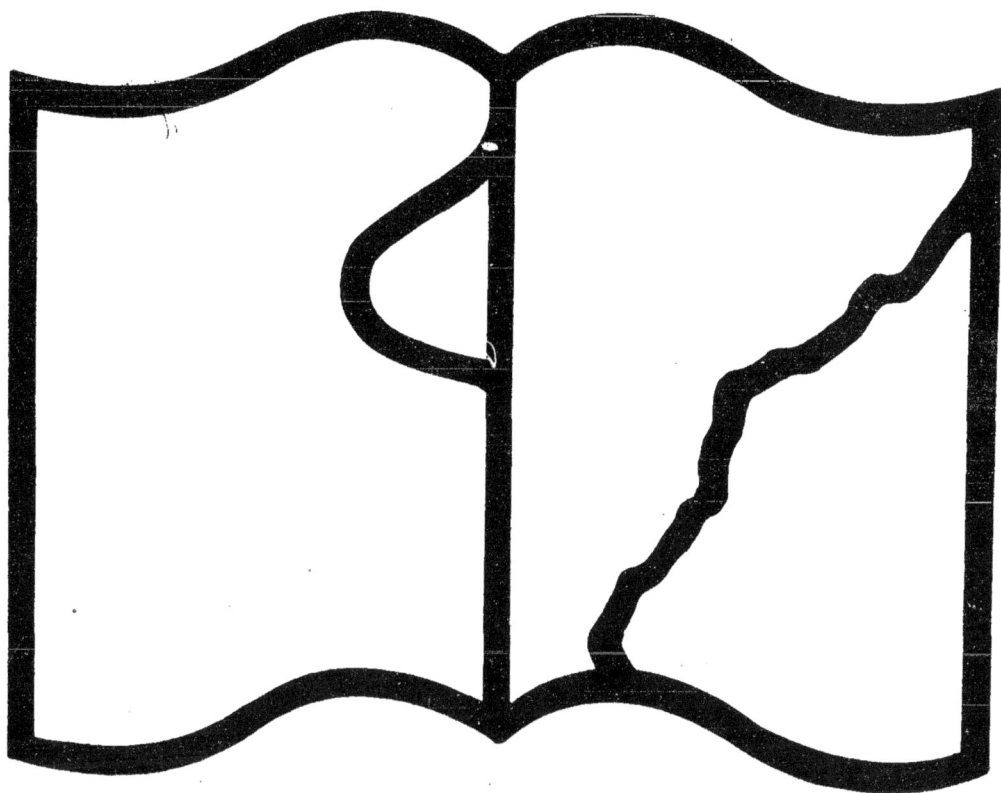

Texte détérioré — reliure défectueuse

**NF Z 43**-120-11

www.ingramcontent.com/pod-product-compliance
Lightning Source LLC
Chambersburg PA
CBHW052058090426
42739CB00010B/2228